学习的本质

Apprendre !

[法]安德烈·焦尔当 著

杭零 译

裴新宁 审校

华东师范大学出版社

·上海·

图书在版编目(CIP)数据

学习的本质/(法)焦尔当著;杭零译. —上海:华东师范大
学出版社,2015.2
ISBN 978 - 7 - 5675 - 3016 - 4

Ⅰ.①学…　Ⅱ.①焦…②杭…　Ⅲ.①学习方法
Ⅳ.①G791

中国版本图书馆 CIP 数据核字(2015)第 041990 号

学习的本质

著　　者　[法]安德烈·焦尔当
译　　者　杭　零
审　　校　裴新宁
策划编辑　彭呈军
项目编辑　孙　娟　王冰如
审读编辑　章　恳
责任校对　王丽平
装帧设计　孙　震　陈军荣

出版发行　华东师范大学出版社
社　　址　上海市中山北路 3663 号　邮编 200062
网　　址　www.ecnupress.com.cn
电　　话　021 - 60821666　行政传真 021 - 62572105
客服电话　021 - 62865537　门市(邮购)电话 021 - 62869887
地　　址　上海市中山北路 3663 号华东师范大学校内先锋路口
网　　店　http://hdsdcbs.tmall.com

印　刷　者　浙江临安曙光印务有限公司
开　　本　787 毫米×1092 毫米　1/16
印　　张　11.75
字　　数　188 千字
版　　次　2015 年 7 月第 1 版
印　　次　2025 年 6 月第 25 次
书　　号　ISBN 978 - 7 - 5675 - 3016 - 4
定　　价　46.00 元

出 版 人　王　焰

(如发现本版图书有印订质量问题,请寄回本社客服中心调换或电话 021 - 62865537 联系)

2013 年度上海市教育科学重大项目（长周期）"现代信息技术对教育教学的重大影响研究"成果

（课题编号：D1304；课题负责人：任友群）

上海市版权局著作权合同登记 图字:09 - 2013 - 718 号

献给弗朗索瓦·焦尔当，这本书因你而起，但你却没能受益。

献给乔治·斯奈德斯，由你牵头才有了这本书。

献给赛弗莉娜、马尔若里、艾米丽、丹尼斯以及其他人……

致谢

衷心感谢珍妮弗·怀特·德·阿胡里亚盖亚,感谢你就相关问题征询我的意见,启发我的思考;感谢米歇尔·冈萨雷斯、勒内·博德纳、丹尼尔·赖希瓦格、马里莉亚·康托、克里斯提娜·奥利维里、克里斯蒂安·苏雄、丹尼丝·阿戴尔、玛丽-路易斯·齐默尔曼,以及日内瓦大学科学认识论与教学实验室的学生、研究人员和每周二晚间研讨会的参与者。

同时感谢菲利普·泰斯塔尔-瓦扬、罗兰德·勒菲夫尔以及弗朗辛·佩洛。

目录

引言
人,一台学习机器

人是一台学习机器。

——弗朗索瓦·雅各布
《生物学与种族主义》,1988 年

在一次报社采访中,我曾说:"学生的学习不在课堂上。"这句话引发了教师们的抗议。这其实并不是一种挑衅,虽然我的表述方式比较生硬,但我所表达的是 20 年来研究学习①的感受。当然,如果只局限于这句话,我的思想会被断章取义,应该再加上一句:"这并不是说上课没有用。"这句话应该不会让教师们又一次感到自己被冒犯。

仅这件轶事就很能反映出在我们的社会特别是在教育从业人员中存在的空白和不足,以及对于人类拥有的不可思议的能力——学习能力——的错误观念。

学生通过一堂课就能获得一些初步知识的情况是很少见的,很多课堂练习对于学生而言是在大把地浪费时间。

为了学习一个语法难点,学生们要抄上十几句句子。在物理实验课上,为了解析一个公式,他们常常要花很多时间进行测量。为了临摹一张地图,他们要花上一个小时,但却始终未能理解其中的某些内容。那种个体直接获得与某种信息有关的"震动"的幸运时刻是非常少见的。

所有的相关评估都是表面上的。一段学业结束后,即使是成绩优秀的学生,真正储存进他们大脑的知识也少之又少。中学毕业一年后,30％的法国高中理科毕业生不知道把脱氧核糖核酸和遗传疾病或是遗传特征联系起来,60％的人不知道原子、分子和细胞各自的特点,80％的人无法描述太阳在天空中运行的轨迹,80％的人无法在器

---

① 我们更愿意用"apprendre"一词来指代引向学习的过程,而不是使用习用的"apprentissage"一词,后者的含义受到很大限制。

官之间建立联系,90％的人辨别不出主要的星星,100％的人不会画欧洲地图,哪怕只是画一张大概的地图。[1] 这和学校教学计划的雄心壮志之间有多大的差距啊! 对于法国教育体制来说简直是个悲剧。

我们所说的并不是那些导致个体过早离开学校的先有困难。10 岁时,40％的学生在理解长度为 10 行的文章时存在困难,11％的学生不能掌握日常词汇的意义,25％的学生掌握不了动词变位,25％的学生不会执行具体指令,35％的学生不会小数点后一位的减法和除法,66％的学生不会小数点后两位的减法和除法,33％的学生不会画几何图形,66％的学生不会计算正方形或长方形的面积![2]

所有这一切都是完全正常的。学习不是接受信息,印度智者很早以前就明白了这一点,他们说:"只有在忘记了七次之后我们才能真正学会。"

同时,个体学习了大量知识但却丝毫没有意识到。人们不用经过任何系统的学习就学会了基本的技能——走路、说话、爱。学习成绩不佳的郊区青少年能学会用最新的计算机语言给电脑编程,一点体育锻炼都不愿意做的年轻人能够模仿无比复杂的滑板动作或冲浪动作。

"学习,太累人"

在学习的背后到底隐藏着什么呢? 或者说,是什么在发挥作用呢? 学习怎么就这样自然发生、水到渠成了呢? 为什么在学校学习会有那么多困难? 为什么我们不能通过吞下一颗知识药丸来学习? 我们对大脑令人吃惊的各种能力切实知道些什么? 我们能进一步促进这些能力吗? 记忆、动机、学习欲望和情绪到底占有什么样的地位? 还需要其他什么吗? 一个人可能对音乐和弦、量子物理或是人口基因学很有兴趣却对它们一窍不通吗? 人们可以不费吹灰之力地学习或是没有任何束缚地学习吗? 我们什么都能学会吗?

学习并不是一个让人着迷的话题。"我喜欢足球,喜欢说唱……但先生,我不喜欢学习!""学习有什么用? 太累人了!""学习让人头疼!"郊区的年轻人就是这样向我描述学习行为的。学习让人想到"束缚"、"浪费时间"、"知识灌输"、"规范"这一堆东西。

---

[1] 来源:日内瓦大学科学认识论与教学实验室的评估。
[2] 来源:法国教育部文件,1996 年和 1997 年。

大多数时候,学习都被看作一件"枯燥乏味、难以攻克"的事。一旦有人提到"学习"这两个字,哪怕很小声,都会让很多人恶心和头疼,于是念一本关于学习的书就成了一种受虐。手上拿着这种书的人只能是老师,更确切地说,是在接受培训的老师或是有疑问的老师,顶多还有个别为了求个心安或是孩子的情况让他们绝望得不得不作些努力的家长。

显然,人们感兴趣的是恐龙、星星、火山、伟大人物的生平,人们着迷的是人类、地球和宇宙的起源。每年都有成千上万的关于宇宙大爆炸、海洋、高山、健康和烹饪的文章与书籍面市。除了个别专业性极强的、晦涩难懂的读物,几乎没有其他关于学习的出版物。

在学校学习?

事实上,我们总是下意识地认为,学习不可救药地和学校联系在一起。学校出现的时间并不长,只有一百年出头的历史,它自始至终都没能让学生爱上学习,然而它的首要目标恰恰是引导学生愿意学习。

人们总是把重点放在"教"上面,"应该教什么知识"是今天欧洲教育部长们最重视的问题。学习被放在了一边,以后再谈!密集的学习任务使学校失去了存在的意义,即激发学生的学习兴趣。分数、成绩单、书面测试题、评语、考试、比赛充斥着青少年的生活。它们存在的目的在于掩盖这样一个问题:学生在学习了这么多年后真正学到了些什么?

对学习的遗忘和轻视更体现在国家决策者的反应上,确切地说,是体现在他们没有反应这一点上。不论在哪个国家,我们都看不到哪怕一个议员(是的,哪怕一个)质询教育部长对学习研究的看法。现在就连投产一种简单的家用电器,人们都会先进行调研,而对于学习的研究,包括大脑研究,其经费却只占总研究经费的万分之一,境地十分悲惨。

我们是不是还要坚持让学生用"笨方法"学习呢?在学习已经成为我们社会的一个关键问题之时,我们还可以继续让学生被一堆不重要的知识搞得头昏脑涨,最后不仅什么都不剩下,甚至还会对学习产生厌恶吗?实际上,人必须生活在一个越来越复杂且不断变化的世界中,他并不清楚这个世界的每个方面。人们不可能了解今后50年将颠覆人类生活的各种创新。在这样一个日新月异的社会,一个人不能再仅仅学习

"认字、写字和算术"。"有用"的知识是各式各样的,不仅仅要学习那些具体而细微的知识,态度和方法更是要被优先考虑。人必须不断地对自身的成功和失败进行总结,甚至还要不断地进行创造,以解释问题或进行预测,因为"一劳永逸"的解决方法已经不存在了。这样一来,人就能摆脱束缚,促进自身的发展。

在这种动力机制中,人可以体会到一种激动、一种乐趣、一种投入,这种投入会创造一种自身动力机制,回过头来促进其学习更多的东西。[①]

学习是什么?

谈论学习并不是一件那么简单的事。每位专家,不论是教育学家、心理学家、社会学家还是哲学家,都有自己的长篇大论。在严肃杂志和研究文章中,我们读到的大多是一些概论,使用的通常是会吓坏外行人的呆板语言:"知识是构建起来的。""一切都与右脑和左脑有关。""学习要借助于行动。""认知冲突使学生得以学习。""一切都在最近发展区内起作用。""个体的认知能力是第一位的:这个人是视觉型还是听觉型?"

这些研究成果对教师备课毫无用处,而学生和学生家长对此更是无所适从。另外,"学习"在日常生活中是一个混合词,在不同情况下,它既可以指理解、认识、记忆、发现、经验获得,又可以指调动已有知识。学习了不一定就理解了,从考试中就能看出这一点。人们可能知道某项知识,对其有所认识,但不一定能利用它。掌握内容是一回事,利用是另一回事。人们知道烟是致癌的,但却没法不抽,这会导致焦虑或是对自己坏形象的认定更加强烈。同样,学习既可以指一个人获取一种社会已经掌握的知识,进而丰富一种概念,使它有新的改变,也可以指炼制一种全新的独特知识(也就是科学研究)。

为了避免这些混淆,我们赋予"学习"一词一种强有力的意义。我们把它放在个人或社会炼制知识和调用知识的动力学中来考虑。我们关心的不仅仅是描述学习者[②]所记忆的东西或知道的操作程序,而是解释学习者如何理解、记忆、重建知识,特别是解释个体用所学的知识能够做的事。只有当学习这种能力给个体带来更多的东西,特别是当个体能够利用其所学时,我们才对这样的学习感兴趣。

---

① 和学习有关的问题不仅仅属于个人,团体、企业、社会同样应该成为"学习者"。
② 我们把所有在学校内或学校外学习的人(儿童或成人)都称作"学习者"。

我们的研究计划首要考虑的是实用性，意在揭示促进（或抑制）学习的东西。甚至可以这么说，一个人如何学习不重要，重要的是学习本身。说句冒犯我们的心理学和认知科学同行的话，我们所关心的是一个人学不进去的机制和背景。正是出于这个原因，我们提出了几个关于学习机制和过程的构想，但我们主要谈的还是促进学习的条件。

我们是如何学习的?

有关学习方式的研究直到二十年前才开始出现进展，这些成果分散在不同领域的出版物中，这些领域有时甚至互有分歧。如果不是专业人士，很难全面了解这些研究进展。其中最有价值的成果往往出现在一些还不为人们所熟知的学科领域，如教学法、认识论、人工智能。人们很难对这些成果有个清晰的认识，因为收集到的信息经常看上去相互矛盾。

我们的文化教育体系仍然很粗糙，使用的方法也是最古老的。在日常生活中，我们平均只用两千个词。对于幼儿的学习，我们所提供的条件还很不充分。一个三四岁的孩子在三个月内就能学会一门语言的基本知识，在三天内就能学会在空间里定位，然而长大一些之后再学习这些知识则要花费数年时间，结果还往往不甚理想。

大脑具有令人吃惊的巨大潜能，而我们对它的使用少之又少。我们所开发的只是自身智力潜能的一个微小部分。一个歌剧演员仅排演一部歌剧就可以记住十万个音符，可以记住一门完全陌生的语言中的上千句句子。一个管风琴演奏者可以同时读四份乐谱，四肢同时做不同的动作。我们什么时候才可以学会两只手同时写字或是同时进行三项智力活动呢？

大脑可以通过各种各样的语言进行运作。它可以创造出新的语言用于各种用途，就像在计算机领域一样。不过，我们很少在一生中改变想法，与此相反，我们总是抱着自己的观念不放。很小的时候学习的一些东西在我们的头脑中非常稳固，甚至会保持一生，即使它们常会导致我们总是犯同样的错误。

原始阶段

借这本书，我们将对学习进行总结，收集分散的认识，把不一致的信息统一起来，超越表面的矛盾。

我们的潜能是多重的,因此,我们要涉及的问题也是多重的。我们将看到,在大多数情况下,学习都不是一种简单的传递,更不是一种简单的条件作用的结果。虽然这些学习方式并非毫无效果,但它们只能带来有限的学习,只有在非常严格的限制条件下才会有效。

不过这本书不可能面面俱到,关于学习问题的主要研究还处在原始阶段,我们只涉及一些近期取得的成果。为了将这些成果置于相关语境之中,我们提出了一些想法。我们力图进行一种整合,并已经得到一些专家和实践人员的肯定。

英国人最先看到了这些想法的价值,称之为"变构学习模型"(allosteric learning model)。虽然这一名称过于简略,我们并不完全满意,但还是将其直译过来,即法语"modèle allostérique de l'apprendre"(变构学习模型),或是更简单的"modèle allostérique"①(变构模型)。我们将会详细介绍这一名称所要表达的东西。不过这并不是最重要的,重要的是所有这一切——因为学习在我们看来是一个真正的系统——能够带来有价值的东西,提供很多在课堂和媒介活动(如博物馆、媒体)中直接可用的实际建议。

走出自命真理

实际上,这种新的变构模型主要反映的是学习研究的范式转变。它并不寻求教育上的万灵药,要是真有这种药,大家早就找到了。

相反,它证明了普适的学习方式是不存在的,把科学学习上的指导性方法和非指导性方法对立起来,把语言学习上的整体法和音节法对立起来,同样也是可笑的。一切都取决于要进行什么样的学习、面对的学习者是谁、学习的时机、教师及其受教育程度。

因此,这本书要进行一种颠覆。遗憾的是,人们没有为教育书写过历史,总是遗忘取得的成功,不断重蹈覆辙。许多教师退休后,他们的经验就被抹去,从来没有人对他们的经验加以评估和记录,这些经验也就不会传给年轻一代。而在大众传媒上频频露

---

① "变构"是一种用以阐明这一模式的比喻,它原本是指某些蛋白质根据环境改变形态和特征的一种特性。我们的头脑结构也是如此,环境会导致我们的观念以另一种方式重组。

脸的新一代"先知"则只会根据时下的潮流和流行词汇旧酒装新瓶。

时下流行的是所谓的"建构主义"模式，人们只需通过一些主动性实践就能"唤醒学生"，只需投入一点注意力或是"亲自动手"就可以建构知识。然而二十多年前我们就知道，这些活动虽然是必须的，但显然是不够的。这些活动太过粗糙，不能引发学习。我们还知道，在获取一些知识的同时，必须清除一些不恰当的知识。然而，建构主义教条不能被攻击，因为太多伟大的科学家的名字与之相联。因此，纯粹的、刻板的建构主义抵挡住了所有的反驳，这一点我们在后面还会谈到。

要在学习的道路上前进，必须改变我们头脑中的很多自命真理，这些自命真理限制了我们，甚至阻止我们去理解学习这一行为。学习是由学习开始的！学习是一种极为复杂的功能，甚至是悖论性的。研究学习能力的学者们抱有的一个最大的幻觉，就是以为自己能够用一种模型囊括学习的所有方面。

学习同时涉及神经生物学、生理学、生物化学、控制论、遗传心理学、社会心理学、社会学、人类行为学、族群学、认知科学、人工智能、教育学等学科。

这种分散的学科基础不利于人们理解学习涉及的过程。惯用的单学科研究方法有学术传统的支持，但却具有明显的局限性，面对"学习"这样复杂的问题，这种研究方法是不能胜任的。任何从一种内部视角出发——即从某个学科自身的视角出发——提出的模型都只描述了一个有限的方面，它们不可能为教育或文化提供一种具有足够操作性的整体模型。

我们研究学习的方式则完全不同。我们的研究处在个人思想系统的历史、教育（或文化）情境提供的可能、大脑特性造成的制约这三者的交叉点上。横向的、系统的研究方法更适合于当下的焦点问题，总之，这就是我们所下的赌注。

一种变形

学习首先是一种变形。问题、原初观点、惯常推理方式在个体学习了新知识后会发生变化。对新知识的理解是学习者的心智表征发生改变的结果，这种改变往往是根本性的。学习者的提问类型被彻底重塑，参照框架在很大程度上得到重构，产生意义的方式也发生了变化，同样的词所具有的意义也会发生改变。

这些机制从来不是即刻发生的，而是需要经过冲突和干扰阶段。一切都必须经历接近、商议、对质、去境脉化、连接、断裂、交替、浮现、稳定、退后、调用等步骤，特别是调用,对于这一点我们将花大篇幅去介绍。

然而,这还不是全部。只有学习者才能炼制出与自身相容的特有意义。换句话说,学习者不是单纯的学习"参与者",而是他所学的东西的"创造者",别人永远不可能替代他去学。不论是老师还是家长都要适应这一点。只有学习者才能学习,而学习只有借助学习者掌握的手段才能实现。

不过学习者并不是其知识唯一的、独立的创造者。他的所有认知都来自环境,更确切地说,它们都是与环境互动的结果。对于学习来说,最根本的一点在于学习者的思想结构和他可以采集的信息之间的多重关系。不过这些互动从来都不是即时的、自发的,在大多数情况下需要一种媒介。他者(偶然遇到的陌生人或专业人员,如教师、传授者)必须促进每个个体的意义生产,陪伴他,对他的原有概念形成干扰。

要接受这种悖论不那么容易。学习者通过他的所是和他的所知,借由自身进行学习。别人不能替代他学习,但必须在场,因为学习者不能一个人学习。这一切和我们对学习的下意识概念是相抵触的。不过,我们要对此建立信心,因为学习是以此为代价的。对学校的地位和教师的角色都要认真地重新加以考量。

此外,并不是一切学习都只在学校进行。媒体,特别是新兴的多媒体,如各式 CD、各类互联网性质的网络,以及博物馆、社团、俱乐部和其他知识创造场所,都在发挥着自身的作用。与知识炼制和知识媒介有关的新职业仍有待进一步发展。

本书并不意在成为一本认知科学教材,对所有的理论和研究流派进行系统的介绍。这是专业课程和研讨课的目标,或许也是下一本书的目标。我们的目的也不是要"教训"老师。教师的工作很艰难,甚至面临不可能完成的任务,这一职业要求一种无与伦比的灵活性和平衡感,但教师这一职业并未得到充分认可,因为任何人都好为人师,可想当老师的人并不意味着会当老师,让学习者学得进去所要求的能力是非常高的。这本书是为广大公众准备的,意在提醒他们意识到这一点。我们在书中提出了一些在我们看来对于理解如何学习最有用、最具操作性、最具感召力的因素:我们是怎样一步步学习的? 其中涉及的过程是什么? 大脑是怎么产生学习这种能力的? 调用、行动和能力迁移应该占有什么样的地位? 学习者的情况又是怎样的? 为什么有些孩子和成人没法学习? 怎样才能促进学习?

不过,这本书并不局限于介绍一些事实性信息,即使其中一些信息极为新颖。这本书意图将这些信息置于相关语境之中,试图提出一些实用的解决方法,更确切地说,是提出一些最适宜的方法,因为就像在任何复杂领域中一样,对其没有一个最终的、永恒的解决方法。教师、培训者，以及学习教育科学、心理学和人文科学的大学生，都会在这本书中找到备课和研究所需的材料。

如果哪个国王或共和国总统想要建造一座标志其统治的建筑却又拿不定主意，我会很乐意建议他建造一座表彰学习功勋的神庙、凯旋门或者某些更朴素些的建筑。我坚信学习的效用，最具说服力的理由是，年少时的我是一个名副其实的后进生！像所有后进生一样，我拒绝看到学习的巨大"益处"。曾经，我就这样放任自流，但后来……

阅读指南

本书有多种阅读方式。

如果您认为自己是学习方面的外行，那么请按照本书的章节顺序来阅读，您可以根据自己的兴趣查看每页下方的注释，具体了解某个问题。

如果您是学习方面的专家，那么您可以直接从第二部分开始阅读。您将会看到如何超越惯常的建构主义，以及了解"变构模型"这一新的学习模型，而一个关于大脑的简单介绍将帮助您明确学习的必要基础。

如果您是追求实用的父母或老师，对您来说唯一重要的是教学的有效性，那么您可以从第三部分开始阅读，并在有需要时回到第二部分，了解一下我们为什么会建议用另一种方式进行教学和媒介化。

第一部分

怎么学习？
为什么学习？

1. 学习者的重要性

每一个认真听取孩子答案的人都是具有革命性思想的人。

——弗朗索瓦·多尔托

《学业的失败——论教育》,1989 年

只有学习者个人才能进行学习,别人不能取而代之。这么说会让支持知识的简单传递的人感到不悦,他们一再重复:"要想让学生学习,只需好好教课。"

前段时间,一位法兰西共和国的部长(又是一个高官)想要演示这种简陋的教学观念。他手拿一个长颈瓶喊道:"这就是知识!"然后,他指着一个杯子大声说道:"这就是学生。"他开始往杯子里倒水,并对自己具体说明了什么是教学十分自豪。可惜他用力过猛,把水撒了一桌子。其实这种情况经常发生,有些人支持说,教学就是"说"或"展现",他们忘记了学习者只能接受很少一部分灌到他喉咙里的美味知识。

一个世纪以来,心理学家和认识论专家们一直在努力理解什么是聪明,什么是教学。他们对各式各样的实践活动进行了测试。虽然努力了一个世纪,但他们的解释仍然很不完全。近二十年来,一种新的研究方向即"教学法研究"开始兴起。它与"教学法"这个词的原有含义毫无关系,这个词原指"学校方法论",现在已经基本不再具有这样的意义了。"教学法研究"的目的在于勾勒出学习行为的所有组成要素。这些研究引起了经济学界的极大兴趣,对干部培训也有很大启发,但还不为广大公众所知,教育界也只是刚刚才开始关注它。

教不是学

有一个观点是大家的共识,那就是教和学之间并无直接关系。我们早就知道,学生从来不可能吸收老师教的所有东西,否则也就不会出现考试和测验中的"及格线"。① 学生所记住的——大多只是暂时记住——有时是某个音，有时是信息发布的形式，因而会产生一些可笑的扭曲。在历史课上，"最后通牒"（ultimatums）变成了"最后的原子"（ultimes atomes）。在生物课上，"激素"（hormone）变成了"染色体"（chromosome）或是"神经元"（neurone）。

学生的课堂笔记也很能说明问题。笔记里的句子残缺不全，一些词只是看上去像老师说的，信息组合在一起的方式十分荒唐。在地理课上不难看到这样的荒谬错误："荷兰种植鲜花、奶酪和鱼"；"在美国，种族之间存在冲突，例如黑人和警察之间"；"在中央高地，最普遍的绵羊奶酪是山羊奶酪"。②

这些都是常犯的经典错误！这些典型的句子反映出，学校成了一种形式。这些学生做了些什么？他们或多或少地试图还原在他们看来构成老师讲话核心的东西。学生所实践的教育契约建立在对某些概念的记忆之上，目的在于应付老师以后的提问。我们每个人不都曾采取各式各样的策略让自己记住这些东西吗？老实说，我曾把最蠢的办法用在英语课上：我发现老师常常先让我们学一些单词表里的词，然后再按照单词表的顺序向我们提问。要答出老师的问题，最讨巧的办法是只记那些词语的形态和发音，不需要费劲记住它们的意思。

在另一些情况下，常识会迷惑学习者，下面的例子就证明了这一点。还是在地理课上，我们可以看到这样的话："荷兰低于海平面，可以建造能让巨型船只畅通无阻的大型港口"；"岛屿是漂浮的大陆末端"或是"远离海岸的小块土地"；"地球越来越重，因为人口越来越多"；"在山上，温度是潮湿的"。

当教学被当作一种简单的知识传递时，它便不能引发学习，甚至还会阻碍学习。有多少人在二十多年甚至更长的时间之后，才重新拿起一本小说或者一首诗来读？学校让他们兴致全无。80％的人表示，他们对学校里的理科内容很厌恶。对于许多人来说，科学方法只是一种筛选手段。对于另一些人而言，科学知识会导致很多非理性的做法，他们很快就在日常生活中把科学和生态灾难联系在一起，或是把科学和失业联系在一起。

一系列关于学习的错误想法限制、束缚了教学实践和文化实践，它们使人们走上了歪路，甚至教师自身也未能幸免。③ 虽然由别人指出这一点会让他们不快，但我们

---

① 不过在教师休息室里，我们总是能听到一些老师懊恼地说："这个我说过的呀！"
② 来源：勒内·博德纳，日内瓦大学科学认识论与教学实验室。
③ 我们并不是要编一本教师错误集，把错误列出来是为了尽量改正。

还是要说,他们中的很多人把"教"和"告诉"混为一谈了。

在新闻播报中,就观众的理解而言,每一条新闻都具有同等的重要性,主持人基本上可以按照任何顺序进行播报,顶多给各类新闻分个等级以吸引观众的注意力。而观众也作好了听的准备,一般都能掌握其中所有切题的信息。对观众而言,顶多是知识得到了丰富,记住了一个新国家,知道了一种新的政治地理形势的出现或是一种新方法的发明,他的思想并没有从根本上发生改变。他只是把一些信息和一种可以阐释这些信息的先有思维形式联系了起来(顺便说一句,观众记住的内容是很少的,低于电视新闻总信息量的 5%)。

当大脑在学习时,它会以它所接收或寻求的书面信息、图像和声音为基础,炼制一种关于现实的概念,这一点我们还会在后文提到。简单地说,这种概念导致新的推理形式产生,将信息联系起来,推导出结论,形成假设。所有这一切是为了解释已经发生的事,有时也可用于预测,总之是用于组织我们的行为。

当某种经验不再能够"站得住脚"的时候,比如失效了或是不适合了,我们的大脑就会校正我们的概念网络(这个过程我们很少会意识到)。我们会从经验中吸取教训,炼制另一种在我们看来更合适的概念,记住一种我们可以在今后用来处理相同状况的概念。

学生的脱节

教学中的另一种错误和之前说的这种错误有着直接关系。人们认为学习者拥有足够的先有知识和相应的词汇,能够跟得上老师的讲述。让我们来看一看老师一般是用什么方法来组织课堂的:他肯定会以自己已有的知识为根据,去找一些论据使他的信息得以传递,他寻找的是一些巩固自身思维系统的信息,他确信,只要是对他来说"行得通的",对学生也会"行得通"。

比如,要在历史课上讲授"20 世纪初的思想"[1]这样抽象的概念,老师会从 17 世纪、文艺复兴和中世纪的生活方式中找例子进行类比,但即使骑士爱情对老师来说意味着一些东西,它对一个郊区青年而言也没有任何意义。[2] 一个论据要有意义、能改

---

[1] 这在法国是高二的课程(17 到 18 岁)。

[2] 教授这种主题时如果不精心准备,会让青少年反感,他们会感到一种文化上的侵犯。这并不意味着要删除这一内容,而是要将教学和青少年的现实生活联系起来。

变思想,就必须和学生相联系,而不是和老师相联系。

老师使用的词汇就是个问题。在介绍经济问题时,专业术语是很难避免的。对于教师常用的一些词,如"进口"、"出口"、"借方"、"贷方",一半以上的学习者会把它们混淆起来,更不要说"通货膨胀率"、"工资总额"、"国内生产总值"这些词了。科学课的情况则更为复杂,"总量"、"工作"、"威力"、"力气"①还有其他一些日常生活词汇在学科语境中都改变了意义,甚至一些更简单的词也会造成张冠李戴。我在日内瓦给孩子们上营养课的时候,想要让他们明白早餐是"一顿饭"。数次尝试无果之后,我明白了为什么会失败:对于这些孩子来说,"一顿饭"不是指吃足量、均衡的食物,而是指一家人坐在一起,桌子上有刀叉和杯子,在瑞士法语区一些信仰天主教的地方,"一顿饭"甚至还包括祷告。在桌子一角吃点小东西,而且是一个人吃,在他们看来不能叫作"一顿饭"。

再举个例子:"喝"能算吃吗?在科学上,答案是肯定的,但在日常生活中却不是这样。同样地,"净"水在平常指的是可饮用的水,在化学中指的是不含矿物盐的水,在生物学中指的是不含粪便颗粒和细菌但可以含有矿物盐的水。什么时候人们才会意识到喝一升可口可乐摄入的能量和吃十七块糖一样呢?系统地解释词汇,使用从青少年的现实生活中提取的能说明问题的例子,选择可以被理解的类比,这是一个想要自己的课有所成效的老师必须达到的要求。

另一种错误想法是认为学习者可以自行组织自己的理解。表面上看,传递模式体现了那句著名谚语中的智慧:"在打铁中成为铁匠。"实际上,学习者并没有真的在"打铁",大多数时候,他是在看着老师打造一个部件,他所接收的是已经打造好的东西,这个东西对他的用处以后才会体现出来,甚至永远不会体现出来。描述想法、解决矛盾,进行所有这些意义炼制活动的是老师而不是学习者。老师在备课过程中把他认为过难的知识砍掉,把能够证明他所要传达的信息的论据收集起来,从而完成意义的炼制。他为了促进学习者的学习,在无意中让学习者失去了学习中最具有教学意义的方面之一。

此外,对传递模式的严格执行使得学习者逐渐失去了批判思维,而批判思维是学习的动力,而且这种模式还会扼杀想象力、创造力和适应能力。学习者最后会变得满足于被动接收,不再对任何事负责。要想成绩好,他只需记住老师讲的东西并以最快

---

① 这些词的法语原文为 masse、travail、puissance、force,在物理上分别表示质量、功、功率、力。——译注

的速度找到对老师提问的回答。这就是为什么当有人建议这些学习者换一种学习方式时，后者会竭力维护现有体系。

即使老师考虑了词汇的语境问题，学习者多少也知道了课堂该如何组织，这也不意味着老师就大功告成了！让我们再重复一遍：学习者不是一张可以让老师把自己的知识画在上面的白纸，学习者通过与过往所有解释和模式相吻合的个体阅读"框架"来破译课堂上的信息。

举个例子：冬天的时候为什么大家要穿羊毛衫？学生的第一反应是：因为羊毛"暖和"。此时，对温度的一种感受被比作羊毛的一种特性。同样，在描述一个装有液体的容器被放在热源上会发生什么时，所有学生都会使用同样的经验模式："热量"是由这个热源提供的。"热量"代表了一种"流体"，从最热的物体传到最冷的物体。因此，在学生看来，容器里液体的加热情况取决于容器的种类和"热量"对这个容器的影响。他们会说"热量很容易进去"或是"热量不容易进去"。讲到冷却现象的时候，他们会说"这个容器保持热量的时间更长"或是"这个容器阻止了热量流失"。"让金属容器变热的速度比让木头变热的速度快"，同样地，他们还会提出"铝的导热性不好"或是"羊毛保存热量的时间更长"，但他们没有将这些和之前自己关于羊毛衫的说法建立联系。

虽然这个模式可以解释甚至预测一些复杂情形，但它较之科学模式还是具有片面性。要描述冬天打开窗户的时候发生了什么，大家会说："冷气进来了。"这又是一个新的模式："冷"由此被引入，代替了"热"。不过这里涉及的还是关于"热"的问题。我们可以用冰水来温暖屋子，只需让它排出更冷的水，把它含有的热量"泵出来"就行了。这就是热泵的原理。然而常识上很难接受这一点。我们的想法还是和 17 世纪时一样，通过把"冷的程度"和"热的程度"相比较来解释温度。

另一个例子和受精以及精子与卵子各自的作用有关。对于一些人来说，卵子发挥着主要作用，因为它包含着婴儿的"胚芽"。另一些人则认为精子发挥着主要作用，虽然卵子也发挥作用，但它只是精子的栖身之地，向精子提供食物和保护。这种概念在深层次上蕴含着一个更大的疑问：差异如此之大的精子和卵子是怎样共同作用形成胚胎的呢？两个如此不同的结构是如何创造出第三种结构的呢？

这些答案的持久性和规律性并不让人吃惊。它们在我的孩提时代便已存在，今天依然存在于我们决策者的脑袋里！因此，我们有必要对教学和电视节目的用处提出质疑。学校不考虑学习者的思维方式，制造了一种脱节的语言。这样一来，学习者的原初概念依然故我，在学校学习之后仍未改变。

以学习者的先有概念为出发点

对学习者的先有概念的考虑必须成为一切教育计划的出发点。出于这种考虑，我们从二十多年前起就开始对儿童和成人的想法进行考察和分类。我们在研究中收集了教师会遇到的各种障碍，以便帮助他们更有效地"认识"自己的班级。在上一门课之前，我们必须提出一些问题，建立一个受众情况表："关于这门课学习者想要学些什么？他们关心的是什么？他们脑袋里已经有了些什么？他们对于这个现象或问题有什么看法？我可以借助什么让他们进步？"如果没有这些，什么都不会"传递出去"，或者几乎没有什么能"传递出去"。写一篇漂亮的课程介绍对老师来说很容易，但这对于学习者的学习没有实际作用，顶多只有浅层效果。旧概念是非常顽固的。

难以推翻旧概念是很正常的。人们在很小的时候就已经建立起了这些概念，并随着岁月流逝不断对其加以"丰富"，而且在一些情况下，用这些概念来指导一种行动或作决定是足够的，不会引起太多麻烦。

然而，这些概念的顽固性正来自它们极具可塑性这一事实。它们很容易适应别人所说的话以维持自身的思维结构。在最糟糕的情况下，一个人会听不进别人说的话。换句话说，我们只会学习自己喜欢的东西和强化我们原有信念的东西，这实际上就是我们已经知道的东西，但如果我们已经知道了这个东西，不就不存在"学习"这回事了吗？我们要解决的是后面这个悖论。其实，这一现象意味着我们只有借助自己的概念才能学习，但同时，这些概念必须被改变。如果学习只是记忆，那么这些困难、不足和错误就不重要了，可是我们要面临选择，要决定我们的生活，要形成自己的概念。

2. 学习理念简史

理解对于我们每个人而言和爱一样重要。

这不是一件可以指派给别人做的事。

我们不会让风流浪子替我们去爱。

也不要让科学家替我们去理解。

——阿尔贝·雅卡尔
《科学之险》，1985 年

要学习可以，但怎么学呢？在教学上，我们可以看到有三大传统占据主流且相互对立，校外的知识传授也差不多是一样的情况。

第一种传统把学习描述为一种简单、机械的记录，知识的获取通过一个随时待命的、"空白的"、始终专注的大脑来进行，学习被看作知识传递的直接结果。在教学中，这种传统表现为对一整套相关信息的常规介绍。人们认为教师只需循序渐进地进行解释，举出一些恰当的例子，知识便会自动印刻在学习者的头脑中。就像在博物馆，人们通常会把物品或文件陈列出来，并配上说明卡片。这种"经验主义"教学法——或者说是"直授"教学法——仅假设了一种存在于信息发出者即知识的拥有者（教师、记者、博物馆工作人员）和信息的接收者（学生或大众）之间的线性关系，认为接收者会顺从地对信息进行记忆。

第二种传统建立在训练的基础上，而这种理念最后成了一种原则。在这一传统下，学习者所要做的实际上就是形成条件反射。教师（传授者）将任务分成对应不同活动的几个部分，设计一些情境并提出一些问题以促进学习者的成功。学习同时还受到"奖励"（正强化）的促进或"惩罚"的修正。通过形成这样一种条件反射，个体最终会选择适当的行为——至少应该如此，也就是选择可以使他得到奖励或免受惩罚的行为。一些以所谓的"按钮式"情境为基础的展览，例如巴黎探索皇宫以及加州大学伯克利分校劳伦斯科学馆的展览,遵循的就是这一原理。得益于近期计算机的发展,这一原则又在程序教学和 20 世纪 80 年代的计算机辅助教学中得到了实践。

第三种传统就是所谓的"建构"教学法。它从个体自发的需求和"天然"的兴趣出发,提倡思想的自由表达、应变、自主发现和探索。个体不再满足于接收原始信息,而是要对其进行研究和选择。在这种传统中,重要的是个体要观察、要比较、要推理(搞错了则要重来)、要创造、要记录。

新教学法运动完全是以第三种教育模型作为参照的。裴斯泰洛齐、福禄贝尔、爱伦·凯、凯兴斯泰纳、德克罗利、蒙台梭利、费里埃尔、佛勒内,这些在 20 世纪初进行教育革新的教育家都是从这种模型中吸取灵感的。古斯塔夫·维内肯提出的青少年文化和儿童政府、美国的温内特卡制度、法国的罗什·德·德莫兰学校、日内瓦的儿童学校,各种所谓的"能动"法、"发现"法、"再发现"教学法、"探究"教学法,都是对这种知识建构形式的开发。许多儿童探索场所,如波士顿儿童博物馆、巴黎拉维莱特儿童城,也都是以这种模型为基础理念来设计的。

一种标志性思想

退后几步远观,我们可以发现这三种传统各自遵循一种由具有标志性的思想延伸出来的哲学理论。经验主义教学法可以追溯到约翰·洛克。在《人类理解论》(1690年)一书中,这位英国思想家提出了一个对于那个时代而言具有革命性的观点,即我们头脑中的图景、思想是我们的各种经验延伸出的根蘖。他反对盲目相信先天理性(每个人在出生前就会遇到的柏拉图的理念世界)的理性主义者的观点,认为大脑是一块白板。与笛卡尔相反,他把大脑描述成一个"没有家具的房间"。对于这一点,他引用了亚里士多德的经典语录:"没有感觉到的东西不会存在于意识中。"换句话说,在老师开始上课之前,我们的记忆和黑板一样一片空白。法国哲学家孔狄亚克把这种理念引入教育领域。他在《基础课程》(1775年)中提出,观察是一切教学的基础。他的建议被 17、18 世纪的大多数教育学家所采纳,但他们在推广时却将其变成一种一味强调感官多样性的教条,忽视了洛克所提倡的具体经验和孔狄亚克的警告(人们只记住了孔狄亚克那个把儿童比作"软蜡"的不恰当比喻,从而认为我们要做的就是"烙印")。

公认的教育

从此,"传统"教育进入了一条始终没有改变过的轨道。只要学习者的感官(先是耳朵,然后是眼睛)处于接收状态,他就可以学习。教师的职责被定位成尽可能清晰地、循序渐进地进行讲述。如果学习者理解不了,那就是他不用心甚至是他"懒惰"的表现。

早期的传播理论进一步丰富了这种理念,再加上著名传播专家克劳德·香农和罗曼·雅各布森的言论,这种理念几乎垄断了教学和媒介领域。人们竞相重复的三种公设使这一概念变得更加不可撼动。

第一种公设规定了学习者思想的中立性,学习者被认为能够原样录入别人的经验。他的原初信念并不重要,老师的话会纠正他的想法。只要学习者稍微勤奋点,采取应有的态度,就可以避免失败。对于那些顽固不化者,惩罚可以把他们带回到"正道"上。

第二种公设认为知识的传递是透明的。教师要认真考虑概念的连贯性和难度方面的循序渐进。人们对于一个"普通"学生的期待是他能够"参与进来",这样他便能毫无障碍地理解所学内容了。

最后一种公设认为学习者能够记住每一个被分别处理的信息,能够把这些信息组织成一个整体,保证其一致性。老师把自己的想法印在学习者的脑袋里,学习者就可以把这些想法记录下来。同时,一些记忆练习和实践课程可用于加强这种记录。

这种经验主义的学习理念可能显得很有效,但它的使用有着严格的要求,因为人们只有在对某个信息有所期待时才听得进它。要让这种直接传播形式"生效",学习者和教师必须提出同类型的问题,拥有相同的参照框架(包括相同的词汇)和相同的推理方式,赋予事物相同的意义,但实际的教学很少具备这些条件。学习者和知识之间的差距往往是巨大的。这一点也适用于大众,他们在看展览、看电影时也存在这种情况。在科学技术方面,个人和科学界所关心的事情相距十万八千里。在文学和艺术上也是如此,大众并不关心这些领域所经历的概念转变或极简走向,只有那些内行人才能深入了解其中的信息。

因此,所谓的接收者不仅没有学到东西,而且感到灰心丧气,和知识背道而驰。在欧洲和美国进行的所有评估都证实了这一点。又一个过去存在且现在仍在继续的错误,是认为学习者思维结构的运作和磁带是一样的。然而学习者永远不可能记住刺激物本身,被记录的刺激物并不能从根本上改变他的思想。学习者对于自己要做什么有自己的想法,在他听到的话里,他只会记住对他而言有意义的东西。[①]

操作性条件反射

第二种传统,即条件反射理念,出现得更晚一些,它的理论基础是俄国生理学家巴甫洛夫的研究成果。这位消化专家发现他的实验对象,即一只狗,不是在端来食物的时候开始流口水——这是种正常的反射,而是在他敲钟通知助手把口粮拿来的时候开始流口水。狗形成了条件反射[②],把第二种中性刺激(声音)和第一种刺激(食物)联系在了一起。反应从无条件的变成了有条件的,由此产生了“条件反射”这一术语。

这种行为的“发明”在美国引发了大规模的关于学习的实验研究。这场运动的代表人物桑代克在 1911 年因其关于饥饿的猫通过尝试—错误进行学习的研究而广为人知。另一个非常重要的人物是华生,他是约翰·霍普金斯大学的动物心理学专家,他从 1913 年起提出了一系列条件反射理论。另两位美国心理学家霍兰德和斯金纳进一步发展了这一流派。斯金纳创造了“行为主义”这一术语,他以老鼠为实验对象,证明了一种任意的反应(和巴甫洛夫不同,这种反应不存在预先建立的生理联系)可以因一种强化,即老鼠会得到食物,而保持下去。在斯金纳看来,这种“操作性”条件反射概括了大多数后天习得行为的产生机制,之所以用“操作性”这个词,是因为主体会根据环境作出不同反应。

这种理论一应用于教学法,立刻对一些简单学习产生了立竿见影的效果,让人们产生了一种预期,以为它无所不能。这种理论的实用主义特性尤其具有吸引力,它认为人的思想状态是无法直接触及和观察的,按照传统的神经决定论也无法对其作出解释。思维才不是神经元的生物化学机能那么简单呢!关注思维的“进口”和“出口”比关注思维过程似乎更现实一点。大脑被看作一个“黑箱”,但这绝对不意味着大脑不能够被外界所影响。这种理论不仅说明人们可以影响大脑,而且还指出了可用来达到预

---

① 有时我们还会遇到更糟的情况,即“背对教学法”。有多少教师是面朝黑板背对学生上课的? 又有多少导游只顾自己走,游客跟着跟不上?

② 顺便说一句,那只狗不是对声音形成了条件反射,而是对助手形成了条件反射,那个中性刺激物是助手。但这并不妨碍巴甫洛夫获得 1904 年诺贝尔医学奖。

期效果的具体情境。

干吗不用这种方法呢？它非常简单，先定义要研究的知识，再制定情境（任务、活动、提议等）复制出某些行为，呈现在学生面前。这些实践建立在"刺激—反应"机制之上，用一种尝试—错误的方式，让人们形成一些无法忽视的自动化行为。它在20世纪50年代得到发展，并在"成功教学法"中发挥了重要作用。此外，这种方法的另一个优点在于，它让教师不得不从自己的话语中脱离出来，把注意力放在学生身上，对布置的任务的性质进行思考，对任务进行解析，以确定中间目标，创造其他的学习情境，从而促进学生的成功，在教育中将错误相对化。人们不再采用惩罚和重复的方法，而是重建媒介，即建立新的教学情境，帮助学生跨越障碍。教学评估也以此为基础，对有效性的关注使得行为主义心理学家要对所选情境是否有效作出判断。

今天，这种模式受到了诸多批评。神经生理学家指责这种模式只关注行为而无视思维，把环境放在第一位，把学习者放在第二位，学生（或大众）的先设、信仰、意图和愿望很少被考虑或没有被考虑在内，但它们其实都是限制因素。

这种方法的另一个缺点在于它太过注重分析。行为主义心理学家把复杂的学习分解成一个个基本单位，用外在刺激把它们一个接一个地对应起来。教师很快就会面临太多同时要完成的目标，且无法进行管理。它的最后一个问题是，所有的学习内容都按学习者学习的线性顺序被放在一个层面上，学习者会遇到太多障碍，从而感觉不到自己在进步。

学习不是一个积累过程，也不是一种线性现象。从部分知识到整体，再从由各个部分知识组成的整体到有意识地管理程序、协调地调用这些程序，这是非常精细复杂的过程。把一种特定学习情境迁移到职业情境或生活情境中仍有很多困难。①

建构教学法

第三种传统，即"建构"教学法，在18世纪末由于康德的思想得到飞跃性发展。在《纯粹理性批判》（1781年）一书中，康德和洛克一样提出知识来源于感觉，但他并不排斥理性。意识，即当时所说的思想，不是一张白纸，我们的感觉所截获的印象并不是以

---

① 这种教学实践在不久之前才被抛弃，它造成了飞机驾驶员在学习使用飞机计算机时遇到很大问题。简单的条件反射不能让人们自如地应对新情境和复杂情境。

一种被动的方式记录在上面的，只有意识可以阐释我们从世界中感知到的东西。思想取决于可感知的素材，反之亦然。

这种导向改变了一切，使人们得以超越经验主义者（以英国人为主）和理性主义者（一般来自欧洲大陆）之间无结果的斗争，后者包括法国哲学家笛卡尔、荷兰哲学家斯宾诺莎和德国哲学家莱布尼茨。19世纪末，这种理论在心理学中得到应用，从此以"建构主义"为名流传开来，它赋予了"认知主体"非常重要的地位，认为是先有知识和活动构成了学习的决定性因素，认知发展取决于此二者。

认知科学的兴起又带来了新的名称——"认知主义"。实际上这一流派包含无数分支，但我们只涉及其中三个。美国心理学家加涅和布鲁纳强调外在信息和思维结构之间需建立"联结"。一切"成功"的感知在他们看来都是一种归类。学习是一种区分属性的能力——例如"石头是一种形状、一种颜色、一种重量和一种物质"——是对人们所要记住的东西的选择。这种方法最终与权威型教学和行为主义教学分道扬镳，它的倡导者希望建立更有意义、更多样化的情境，帮助更多的学生建构知识。

另一位美国人奥苏贝尔对需要建立的联结进行了更多的阐述。他在20世纪60年代末提出，教师要提供比所需学习的东西更高级的陈述。重要的是在这些陈述和学习者的已有知识之间建立认知"桥"。要做到这一点，教师必须借助于一种"有意义的学习"，促进一种新思维结构的诞生，并将知识整合到这一思维结构中。

皮亚杰（以及后来的日内瓦学派）把学习问题看作生物适应的延伸，并使用了一些进化生物学中的比喻和词汇。他认为一切有机体都会把从外部获取的东西整合到自身结构中，对于通过感知收集的信息也同样如此，但这一过程同时还伴随着"顺应"。在生物层面，心智运算会导致器官的改变；在认知层面，智力工具会自我调适以合并新的信息。而且在皮亚杰看来，认知系统是一个自组织系统，为了保持运转，它会向平衡状态发展——如果主体想要同化一种知识，他必须做到让他的思维方式始终顺应情境的要求。因此，思想的发展表现为儿童有能力进行的心智运算方面的变化，概念的形成则依附于心智运算的发展。

一种主体活动

早期建构主义模型的优点在于，它指出学习不应再被看作感官刺激在学生头脑中留下印记的结果（有点像光在胶片上留下印记），学习也不是由环境引起的操作性条件反射的结果。它认为学习来自主体的活动,不论主体的行动能力是实际的还是象征性的、物化的还是口头的。学习能力与"思维模式"(即特点鲜明的思维结构)的存在有关。这一点得到了教学法研究的证实,这一新的研究方向在 20 世纪 70 年代得到了很大发展。

这种教育心理学方法甚至揭示出,"表征"[①]——按照当时人们的说法——极力抗拒一切形式的教学。表征甚至在一些高年级学生和成人身上也持续存在,长久地组织着他们的思维。因此,如果我们希望取得一定的教学效果,在教学中就必须对表征加以考虑。

然而,建构主义模型没有正确地描述学习的内在机制的微妙复杂之处。并非一切都取决于纯粹的一般认知结构,即皮亚杰意义上的认知结构。面对不常见的内容,一些习惯于逻辑—数学形式的大学生和研究者会像七岁的孩子那样进行推理。情境与已掌握的知识相距越远,个体——包括所谓的专家——就越可能诉诸原始的推理策略。

同样,并非一切都是内在过程的结果。前苏联心理学家维果茨基[②]提出了不同于皮亚杰的观点,他对环境更加重视。在他看来,施加于客体的行动,其实质是一种社会媒介,即一种与他人的关系。与能力更强的搭档互动并不会抑制思维发展。例如,与成人一起活动可以促进行动关系的建立及其意义的表达。

建构主义的局限

学习所支配的是一种个体关于情境的概念,而不仅是一种心智运算方式,介入其中的还包括提问类型、参照框架,以及一些意义生产方式等。建构主义模型仅限于对一般机能和守衡状态(即"阶段")进行描述,而没有说明学习者对特定情境的处理以及他们如何根据自己已掌握的信息作出各种推论。

这样的批评促使一些理论家提出一些附加假设。例如,福多假设存在一些被称为"模块"的独立处理系统,并基于这一假设开展了对感知、记忆和语言的各种研究。美国数学家纽厄尔和经济学家西蒙则将"思考"这一事实看作对信息的加工以及对符号的操纵。

---

① 我们倾向于使用"主体的概念"一词,以规避"表征"一词在心理学上的多重含义。参见:焦尔当、德·维奇,《知识的来源》,德拉肖出版社,1987 年。
② 维果茨基推断出"最近发展区"的存在,在这一区间内,学习可以在受到促进的情况下发生。

计算机科学的异军突起,加之人脑和计算机具有相似性,催生出另一项业内的巨大成功,即人工智能。可惜的是,人工智能对学习领域的贡献几乎为零。计算机在执行重复性任务和练习时十分出色(这些任务和练习通过算法可以得出解决方法),但在解决复杂问题时却力不从心。这一空白令人懊恼,因为人类思维主要就体现为炼制适合于情境的表征和预测可能出现的变化这两种能力。

"心智表征"曾一度被人们遗忘,不过后来又再次成为争论焦点,之后又得到联结主义的强调。在这种研究方法中,学习者的心智状态变成神经元系统的自发属性,心理学、教学法、计算机科学、神经学和各类心理生理学之间的联系有望建立。我们希望这些联系很快就能广泛建立起来,因为目前学习的研究范围还非常有限,跨学科人士还不为人们所重视。

学习与情感

建构主义的另一个问题在于,它将学习者孤立了起来,有时甚至无视"发展是在社会中实现的"这一事实。实际上,经验是在物理环境和社会环境中同时构建起来的。[①]建构主义者过分强调纯粹的认知能力,弱化了环境的地位和作用。只有法国的心理学家瓦龙——在一定程度上也包括布鲁纳——以及当今新皮亚杰学派的社会心理学家关注这个问题,他们对此进行了一些团队研究。儿童在社会中学会根据环境采取行动,在学习活动中,他会与他人相互影响,并因他人而改变自身想法,而且他还会通过书本和其他媒体所提供的社会媒介,激活各式各样的意义系统。文化环境促使他赋予情境以意义,为他进行思考提供便利和帮助,这一点我们还会在下文提到。

至于情感—情绪层面在学习中的作用,虽然没有任何人否定它,但这一问题也并没有得到重视,还没有模型对认知和情感—情绪之间的关系进行阐释。[②] 事实上,感情、愿望以及潜在的激情在学习行为中具有战略性地位。在能力的获取中没有什么是中性的。在学习中充斥着各种情绪,欲望、焦虑、愿望、挑衅、乐趣、愉悦、厌恶等贯穿了整个学习过程。有谁不曾为了取悦老师而学习过呢?有谁不曾为了不在学习小组里显得没用而死守过一种概念呢?此外,教学或传授计划的目标之一不就是让学生和大

---

① 维果茨基认为,能力在内化之前首先是在人际情境中出现的。

② 壁垒森严的不同学科也没有对此进行交流。

众从"为了取悦他人而学习"变成"为了学习的乐趣而学习"吗？情感—情绪维度不应再被遮蔽，或被看作纯粹的"限制因素"。总而言之，情绪完全应被纳入学习之中，它是构成学习能力的参数之一。

走在解构建构主义的路上！

在学习中，没有什么是简单的、立刻就可以达到的。知识的获取不是自动实现的。反省抽象，即行动的内化，是皮亚杰提出的最周密的机制之一，因为它涉及反馈作用。不过这种观点太过乐观，甚至可以说是理想化。学习不能被简化为唯一一种模式，它涉及多重机制。

在进行概念和方法学习时，一个新信息很少会插入已掌握知识的行列。已有知识会排斥一切与其不能形成共振的观念。[1] 有时，学习者就是听不进去。常言道："左耳朵进右耳朵出。"他可能在将信息解码之后什么也不做。当接收到的信息严重动摇了他对世界的感知时，他宁可放弃它。学习者还可能录入这一信息，但永远不去调用。被记忆的知识并没有让他获得以恰当的方式回应周围环境的能力。个体甚至会让两种层次的知识并存，根据不同的领域和场合分别加以使用。我们经常会看到，在课堂上学生会使用某些数学公式，执行某些技术指令，但他们在日常生活中却看不到所学概念之间的关联。

对学习者先有概念的解构是一个先决步骤。第一个提出这种观点的是法国哲学家加斯东·巴什拉。20 世纪 30 年代，他在许多著作中谈到了大量的"认识论障碍"。在他看来，它们都阻碍了对科学方法的获取。这些障碍和"常识"[2]有某种亲缘关系，但我们必须看到，正是常识使得任何人都可以在日常生活中顺利行动。如果我们希望学习者学习，那么他就必须走上"超越常识"的道路。对于学习者而言，他从来不会获取一种文化，而是改变一种文化，那么除了推翻在日常生活中积累起来的障碍，还能怎么做呢？巴什拉的提议引发一种改正先有概念的教育法，但事实上这更像是一种"消除式"教育法[3]。

---

[1] 换句话说，即感应体和发射体不在一个波段上。

[2] 在巴什拉看来，要把常识放在一边是非常困难的，并不像传统教育学认为的那样简单。

[3] 要说清楚这种教育法在课堂上会变成什么样是很难的。巴什拉和所有哲学家一样，并不力图把自己的思想具体化。

和巴什拉的天真想法相反，这种办法在实践中是不可行的。不论出于何种原因，学习者都不会轻易放弃自己的观念和信仰。这些观念和信仰具有很强的能力。建构和解构只能是一个交互过程，新知识只有在证明了自身之后才会被真正接受，而先有知识必须显得陈旧过时才会被抛弃。其间，先有知识——即常识——这个学习者唯一拥有的工具，起到了阐释框架的作用。

就目前而言，建构主义模型的最后一个局限是，建构主义者没有给出有利于学习的境脉和条件。当我们研究教育问题或媒介问题时，这种情况就更令人沮丧了，但这也完全正常，因为教育或媒介问题并非建构主义者的关注点。这种心理模式的功能在于解释认知机制，而不是思考教师或知识传授者的工作。在这一点上，皮亚杰始终表现得非常坦诚。

此外，对这类应用型教学问题是无法作出"漂亮"的研究的。我们不能保证课堂上的情境，有太多的因素会产生干扰。像在实验室里那样做到完美精细是很难的。我们很难直接获取组织教育活动所需的信息。

我们顶多只能在建构主义者那里找到"成熟"这个概念，但它让教师灰心丧气，因为它意味着决定学习水平的因素是儿童随着年龄增长而产生的自然发展。实际上，在皮亚杰和日内瓦学派看来，一切都可以用发展来解释。不过这些也还是要主体自身有能力去实现才行。儿童很少会主动学习，除非他在其中找到一定的兴趣。为了填补这一空白，新皮亚杰主义者开始研究"同在作用"（联合活动在教育上的重要性），或是"认知冲突"问题（如何通过观念对立来超越自身表征）。这两个因素无疑对学习有着促进作用，但这些想法还很贫乏，还不能在所有维度上从情境或教育、文化资源角度得出什么推论。学习者和知识的相遇不是自然而然发生的，很多因素都是必不可少的，它们必须协同作用。

此外，外部世界并不会直接教会个体他所学的东西，学习者自身的活动是必需的，尽管只有这种活动是不够的。当然，一个人是从他所遭遇的环境出发，通过自身经历来创造意义的，他一个人就可以完成这件事，但正如我们将在下文看到的，在大多数时候他不能独自创造意义。人们总是需要一个传送过程，即便只是自学者。很多论据都说明，我们必须超越建构主义。

3. 学习的必由路径:脑

> ……但此时人们就会疑惑:既然人类思维是从和最原始的动物一样原始的思维发展而来的(对此我确信无疑),那么当人类思维得出如此宏大的结论时,我们可以相信它吗?
>
> ——达尔文
>
> 《物种起源》,1859 年

脑是学习的"必由路径"吗?当然!但在过去,这个核心器官却并非一直被认为拥有今天人们赋予它的职责和(荣誉)地位。以亚里士多德为首的许多古代思想家认为,脑只会制造鼻涕和精液,思想、情绪是心的属性(这种思想的痕迹至今仍保留在语言中,在法语里我们会说"用心学习")。

尽管很长时间过去了,但脑在学习中的重要性仍然很难在教育界深入人心。有个别理论家试图对其加以考察,但因为没有生物学背景,他们只能停留在一个非常肤浅的阶段。一些仓促的研究,例如"右脑"、"左脑"的故事,甚至造成了大批教育上的愚蠢行径。

当然,目前的研究还不能准确地定位学习发生的位置。在"脑机制"方面,例如学习和其他心智过程的互动,已知的信息还非常零散。最大的困难出现在方法论层面,当下各学科都很注重微观细节研究,但我们并不能通过研究每块"砖"来理解一座大楼的运行,然而许多研究者完全没有进行认识论层次的思考,仍继续对局部活动进行研究,把整体看作部分之和。对于脑这个卓越的器官而言,这种研究方法是大错特错的,因为在脑中,一切都是被分配的。换句话说,思想以及学习都只能通过整体而存在,只有在一个相互联结的整体中它们的特性才会显现。因为脑远不是一个同质器官,为了应对不同的外部制约,大量脑结构会在变化过程中出现,它们相互交错,各自都有一本特定的"任务簿"。此外,脑并不是一个封闭、孤立的结构,它的发展和运行取决于环境,它不是简单的生物决定论的傀儡。

关注脑的"策略"显然是一种悖论,相当于用洒水壶浇洒水壶,或蛇咬自己的尾巴。我们到底能不能借助一个工具对其本身加以思考呢? 脑能不能同时作为研究的对象和参与者呢? 这正是这项研究的挑战所在和限制所在。虽然这些局限不可避免地存在,但阐明脑的某些潜力对于研究学习的人而言仍然是有用的。对心智能力和脑区域运行机制的重视能够优化教育行为。

我们的第一要务是揭露一些仍然在科学文献中盛行的错误比喻。首先,人脑和电脑毫无关系。其次,脑中的记忆构成并不像一座图书馆。再次,脑功能的运作并非与情感无关,而是恰恰相反,情感和认知是一种机能的两面。最后,脑中不存在一个学习中枢。没有一个研究者像法国医生保罗·布洛卡在 19 世纪中叶找到语言中枢[①]那样找到专司学习的脑区域,也不可能有研究者做到这一点。这并不是因为没有人这样做过,这种尝试始自解剖学家弗朗兹·约瑟夫·加尔,他提出将脑功能分成各种次功能,像分析其他身体机能一样用实验的方式对其加以分析。

最现代的科技让我们了解到,我们之所以不能确定学习机能的准确位置,是因为它是一种后来出现的能力,只有借助于多个脑区域的运作才能存在,这些区域对信息进行解码,将各种信息结合起来。只有当每一秒钟都有成千上万的信息在神经细胞间交换时,学习能力才可能存在。所有这些信息的整合制造出一种令人惊奇的现象:个体在思考,在爱,能意识到环境和自身,仅此无他,但这已经很不错了!

在这一框架中,学习是构成脑的不同结构、次结构互动的结果。这些结构和次结构的数量不计其数。1908 年,德国解剖学家布罗德曼仅仅是在皮层位置,即人脑最上层的部位,就发现了 1952 个此类结构。其实,脑的许多其他区域,包括更内部的区域,也在发挥协调功能、促进学习的作用,此外,还要算上脑的延伸部分——感觉器官,它们也作出了不可或缺的贡献。

管理部门

要理解人脑运行的特点,我们要试着进一步深入脑这座迷宫。虽然在外行人看来

---

① 对于这个"语言中枢"也是有争议的。我们说话时,整个大脑相互联通,使我们具备说话潜力的各种机能结构分散在多个区域。我们只能把布洛卡的"语言中枢"看作进行协调的空间。

这件事十分枯燥,但只有经过这一步,我们才能纠正许多教育上的错误。

在构成人脑的这一千克(甚至会达到一千克半)物质(即所谓的"灰质",因为在肉眼看来,脑皮层是灰色的)中,我们会找到些什么呢? 是水! 构成我们思维来源的基本物质中,水分占 86%! 这种珍贵的液体建立了我们的脑结构并为其提供补给。当我们进入脑壳,我们将为这个如此有限的空间所呈现出的结构多样性而感到惊讶。实际上,我们应该把脑看作一个多重器官,或是由不计其数的相互交织的器官构成的器官。

位于贝塞斯达(美国马里兰州)的美国国家心理健康研究院的生理学家麦克林提出了一个简化模式,值得我们借鉴。我们并不是全盘照搬,但为了描述方便,我们认为可以把人脑分为四个层面。最基础的层面是"基本脑",包含了脑干的脑桥和延髓部位,下接脊髓,所有接收到的信息或发往身体的信息在这里交汇。这个区域负责协调与维持个体生命有关的重要生理功能,影响心跳、血压、呼吸等。它的中心部分(即网状结构)使个体维持清醒状态。脑的这个部分解决和物种生存有关的紧要问题,它主要根据储存在生命基因中的非条件反射自动运行,很难应对新的情境。这个部分的后面是小脑,这是个非常活跃但不为人们所了解的区域,它负责对姿势和平衡方面的运动进行协调。

第二个层面即中脑(或者叫作边缘系统),它包含一系列灰质块,其中最著名的是杏仁核、隔区、尾状核和海马。这个区域对情绪、记忆和个人活动的实现发挥着重要作用。按照当今的看法,它其实是一个中继站,大多数感觉信息通过这个"台阶"进行中转,它与上层大脑和内部器官都有着直接联系。

第三个层面是丘脑,它的运作模式有点像"电话交换机",连接着脊髓、延髓和大脑半球(即大脑皮层,第四个层面)。在记忆问题上,海马似乎发挥着与它相同的作用。在丘脑的前下方是下丘脑,这是另一个调节基本功能的区域,它协调着身体的物质平衡(水、矿物盐等)和温度,在内分泌活动方面发挥着重要作用。这些区域有着紧密联系,它们联合起来,根据外部信息或其他器官的要求来影响内脏。它们构成了一种感性记忆,往往无意识地将愉悦或不愉悦的印象记录下来。所有这些区域都彼此迅速(几毫秒的时间)交换着大量来自外部和体内的信息。此外,这个部分的主体包括白质,表示这里有传送信息的神经纤维。

人脑完全不是以一种纵向模式从上往下运作的。边缘系统的结构不是服务于所谓"高级中枢"的简单工具。它们发挥着战略作用,能够阻止或促进下行或上行的信息传递(一切取决于身体状况或环境),如果环境具有威胁性,它们还会引发进攻性行为。

它们提供了与其他结构的联系,参与了对信息的阐释,根据身体的感受赋予事物不同的重要性。到达皮层的由视觉通道传送的信息中,只有 1％来自眼睛,其余 99％来自脑的其他区域。在这个层面上,外来信息被过滤或放大。同时,这些区域参与动机形成,并控制着情绪,它们在学习中发挥着举足轻重的作用。不过,这些脑结构并不通过言语方式表现,它们不是根据一种认知模式运行的。因此,用一大堆论据说服人们产生某种情绪是徒劳无益的,用一种理性的言论永远无法激起人们的激情。

皮层的地位

前三个"脑"(基本脑、中脑、丘脑)都被一种解剖结构所覆盖,通常被称作"皮层"。它的运作主要取决于它的表面——只有 1 毫米到 5 毫米厚的一个薄层,那里集中了大部分的神经细胞。在显微镜下可以看到,这是一个结构非常复杂的区域,至少有六个细胞层,相互之间的连接非常精细。人体的这一区域非常发达,以至于不得不蜷曲起来才能完全装进脑壳。如果把皮层展开,它覆盖的面积会增加 31 倍,约 2 平方米,相当于一块小地毯! 在由蜷曲造成的褶皱中,有一些较深的沟将大脑各部分(或脑叶)隔开。颞叶主管听觉和嗅觉,顶叶主管触觉和味觉,枕叶主管视觉,额叶主管运动。协调语言的"中心"就集中在左脑的脑叶中。皮层是处理外部信息的主要场所。

额叶的前部可以称得上是"第五个脑"。这个区域参与调节思维活动,管理着退后审视和对活动的评估,促进想象(借助于在来自不同结构的信息间建立联系)和预测。有了这个部分,我们就不会总是只作出即时反应,而是可以做我们想做的事并联想到后果。换句话说,这个区域在我们对事物的意识中发挥着决定性作用,因此也在学习中发挥着决定性作用。不过它的作用不限于此,它还使我们建立自我认知,意识到自己的身份。同时,它还与以边缘系统为基础的易感性相联系。是它"让"我们放弃、厌恶、欣赏、疯狂地爱。

实际上,脑最大的特点在于它的互动和调节。每一种结构的运作都依赖于与它相邻的结构,因此:记忆不能在没有边缘系统支持的情况下运行;前额叶协调着人的意向性;情绪是化学物质的释放所带来的感受,这些化学物质即神经递质。神经递质在人脑各部分的互动(包括学习活动)中,发挥着根本性作用,它们使我们的脑和计算机有了天壤之别。多巴胺是这些化学物质中的一种,它由基本脑和边缘系统分泌,会引发欲望和对知识的渴望。它通过刺激额叶、杏仁核和海马,激发起探索环境的强烈兴趣。

反之,缺乏多巴胺会导致抑郁。乙酰胆碱和抗利尿激素的分泌会起兴奋作用,而其他神经递质的分泌则会起抑制作用,如5-羟色胺、去甲肾上腺素、γ-氨基丁酸、催产素。至于紧张(暂时性的紧张对学习是有利的),它来自肾上腺素的"推动"。要真正了解这些物质的作用,我们还需要更多地深入细节层面:脑的不同结构是如何被激活的? 脑的运行是以什么为基础的?

神经元网络

任何脑的基础结构都是神经细胞,也就是"神经元",人脑中约有一千亿个。这些专门负责传递的结构有很多长联结纤维。每个神经元可以和其他神经元建立约两万个联结,由此产生了极为复杂的网络,可以建立两千万亿个联结。最强大的电脑和我们"鹰嘴豆"一样的神经元比起来也会黯然失色。

这些神经元会发出信号(称作"动作电位"),也就是短促地放电。因为神经元会自动去极化,并把这种去极化(脑部 X 光片可以反映出来)沿着它的延伸部分传播出去,但这和通到家用电器的电流完全不一样。神经元活动时的电位差是非常小的,只有几十毫伏,而不像我们的电池有好几伏。这些电位改变是离子化了的原子①灵巧地穿过细胞膜造成的。其中最常见的是钾离子和钠离子。分散在细胞膜上的蛋白质像阀门一样,促进或抑制着这些离子的移动。

大脑是如何运转的

当大脑进行一项活动时,不论是动机行为还是记忆过程,一些神经元群都会通过动作电位激发或抑制它们的信息交换动力,也可能是和其他神经元群保持同步。这种神经元活动很少会固定在皮层的一个具体位置,通常会形成一个由大脑各区域组成的庞大网络,因此各个区域之间是紧密相联的。然而,电流并不是直接从一个神经元传到另一个神经元的,在两个神经元的结合处有一些所谓的"突触"(法语为 synapse,来自希腊语的 sun,即"带有"的意思,以及 aptein,即"捆绑"的意思),电信号在这里变成了化学信号。动作电位产生时,上一个神经元会释放出一些神经递质,它们在 2—50

---

① 离子是一个或一群得到或丢失一个或数个电子的原子。

纳米①远处接触到下一个神经元的细胞壁。在后面这个神经元的表面，一些受体会识别出它们。这些神经递质和这些受体结合起来以后，或打开闸门（即令这个神经元出现细胞膜的去极化，产生动作电位），或出现超极化（即阻止了后面的一切传导）。

每一个神经元都具有多个联结，到达它那里的信号可以进行累计。根据这些电位信号的总和②，一个新动作电位将被启动（或被抑制）。这个动作电位将沿着被激活的一个或数个神经元网络由近及远地传播，每个神经元网络平均包括五十几个神经元。参与其中的各类信号、网络以及神经递质引发的感受导致了意义③的产生，其中一些意义被记住（一些神经元网络建立了起来），它们将在生成新意义或丰富旧意义方面发挥作用。意义的对质又导致了行动、表征（往往是形象化的）以及思想的诞生。借助神经递质的作用，愉悦和不愉悦的感受等情绪信息（喜悦、痛苦、紧张）实现了弥散性分布，经过皮层区域和其他深层结构的协调，最后只有思维成果到达意识层面。与此同时，额叶根据已经存在的记忆和个人经历对这一过程进行整体调节。

在这里，我们可以看到联结在学习活动中的重要性。很长一段时期内，主流观点都认为，神经元之间的联结在出生前或在幼年时就已经形成，到了成年阶段，这些联系必然已经固定不变了。以前人们认为，过了一定年龄就不能再学习了，但是在20世纪40年代末，美国神经心理学家唐纳德·赫布提出了一种理论，认为"一起放电的细胞相互联系在一起"④。换句话说，用同一种节奏工作的神经元会彼此促进激活能力的提高。所有参与同一项任务的区域通过将电活动同步化而相互联系在一起。一个新网络出现，然后永久保存——一项新任务，也许是一种新观念，就此确立了地位。

这个理论存在许多不确定和有争议的地方。法国神经生理学家让-皮埃尔·尚热认为，在婴幼儿时期神经元之间就建立了丰富的联结，之后环境根据这些联结的实用性对它们进行选择。其他理论家，包括本书作者，则认为一生之中都可以建立新的联结，而且是以随机的方式建立的。这一点得到了许多正在进行的实验的证实。这种联结机制似乎受到神经递质的影响，那么是不是像有些人认为的那样，新联结意味着新突触？又或者，联结就是由已存在的突触上组成的自婴幼儿时期就已被激活的回

---

① 一纳米等于一微米的千分之一，而一微米是一毫米的千分之一。
② 这一机制在今天看来过于简单了。实际上，由于突触的多样性，神经元的功能要比一个电脑的中央处理机复杂得多。
③ 关于意义的生成可参见：焦尔当，《人类中的一条金鱼》，巴约出版社，1995年（最后一章）。
④ Cells that fire together wire together.

路①？这两种机制都在发挥作用吗？也许吧。这样一来，含义以及意义的产生就和已有神经元网络的激活、神经元之间新网络的建立联系在了一起，也就是与一个个新网络的出现联系在了一起。

不断变动的动态系统

脑结构始终处于变化之中，而且这不仅仅关系到皮层细胞。近期的研究表明，脑的各个层面都具有可塑性，结构看上去非常稳定的基本脑也不例外。当感觉信息通路因遭破坏而中断时，对应的脑区域绝不会无动于衷，仅仅在十多年前人们还不是这么认为的。联结的改变和重新组织使脑得以适应这些偶然事故。在一些聋人身上，一部分视觉皮层占据了一般用于听觉的皮层区域。同样，一种活动的应用（或刺激）的增加会带来相应皮层的表征增加。在动物身上我们已经证实，听觉皮层的神经元可以获得视觉皮层的特点。高强度地练习一种乐器可以使人获得令人赞叹的精湛技艺，而控制这些特殊动作的皮层区域会更具有重要性。

通过训练，人可以完成复杂的演奏和记忆任务，不论他的年龄有多大。青少年和成年人之间的差别只在于学习的速度。此外，虽然青少年在那些需要使用算术来解决的问题上更容易成功，但那些要求大量经验管理的任务，例如概括活动，则需要一定的阅历来支持。

那种"脑是由一群不变的细胞组成的，其基本通路在出生时或出生后不久就已形成"的观点已经过时了。当然，就目前所知，成人不会再有新的神经元产生，但即使这一点，也是非常值得怀疑的。不管怎么说，脑的可塑性，即它可以产生许多新的突触，可以作为一种模式来解释它的"高级功能"，特别是学习功能。② 在人的一生之中，脑都可以保持充满活力的状态。即使在年纪很大的情况下，它也可以不断进行自我组织，③但当人们认为它不再能接受教育时，它便不可再教育了。这种自我组织发生在睡觉的时候，我们不应再把睡觉看作浪费时间！学习就是对联结进行重新组织。在制造新联结的同时，还需要解除、抑制其他的联结，虽然这些旧联结曾因其有效性而得到

---

① 这可以解释为什么一些学习项目只能在年纪很小时进行，之后就会变得很困难，甚至不可能学会了。
② 外科手术之后，神经元之间可以建立起新的联结，从而进行神经元网络的重新布局。
③ 在这一动力机制中，重要的不是年龄，而是愿望和动机，应该从这个层面来解释老年人的记忆消退。始终受到激励的年长者能够长时间保有学习能力。

保留，并制造了某种认知或情感上的平衡，这便解释了学习的困难所在。

网络、互联、取消突触联结或者说取消具有选择性的突触联结，以及新网络的制造、调节和出现，是大脑运行的关键词。所有脑结构以及它们内部的神经元网络，都是根据一种横向动力机制而不是一种等级动力机制运行的。我们顶多可以说存在一些"十字路口"区域，它们会对活动进行协调。额叶的 10 区、顶叶的 40 区，以及被人们称为"扣带皮层"的 23 区，它们在各种认知任务中经常被激活，例如推理、评价、预测；而一个更里面的区域，即海马，则使记忆成为可能。

说得再清楚一点，大脑的工作建立在各种运行模式互补的基础之上，这些模式反差很大，甚至在大多数时候是彼此对立的。环境信息并不是像录像机录像一样被简单地接收、感知和记录，视觉机制的最初步骤可以帮助我们更好地理解这一点。一切初级视觉特征首先由眼睛里的视网膜细胞提取出来并被分别发送到脑部。颜色、大小、弧度和动作被分别处理，由不同的神经元网络解码。在颜色信息的接收方面，不同的接收体（视锥细胞和视杆细胞）和四种神经元将在视网膜进行两种操作。视网膜的中心部分布有很多视锥细胞，在一个很有限的视角上管理细节和颜色（2 度左右）；视网膜的边缘部分以模糊的方式把更大的视角空间（170 度）处理成灰色，以便优先关注动作。

在十分之一秒内，一个可靠的、稳定的环境图像通过某些神经元网络以大脑已经记住的信息为基础建立起来，这些信息来自其他神经元网络。对客体的感知更多源于一种反差效果而不是光源的强度。这种感知模式把一个非常狭小的视角范围内的视觉信息和一个更广阔的视角范围内更为综合的视觉信息结合在了一起。丘脑的外侧膝状体构成了视觉信息到达皮层各中心的中转站，它对信息的处理似乎也是以同样的方式进行的。丘脑接收了来自视网膜的各种信息，对画面进行修改，突出一些对立之处，因而视网膜受到的刺激和大脑皮层接收到的信息之间存在差别。人们感知到的画面不是在一个封闭的网络里构建的，它甚至吸收了来自内耳、触觉、肌肉和关节的多种信息。由此产生的表征和个人经历以及规划有着密切联系。人脑对外部世界的组织，其关键就在于认知结构和从环境中收集的信息之间持续不断的、多种多样的对话。

两个脑半球，一个大脑

这些信号处理的对立"逻辑"在大脑皮层中也同样存在。我们的大脑有两个半球，媒体对这一模式进行了普及，像流水线分工一样把大脑分为"左脑"和"右脑"。左脑主要控制语言和计算，它使人类具有了处理抽象信息并对其进行分析的能力。右脑用来处理生活中的具体事务，通过多样化的、不那么显性的逻辑对形态进行处理，是直觉和创造性的所在。

没有什么比这错得更离谱了。我们的两个大脑半球不可能各自独立运转。如果我们通过麻醉让其中一个半球停止运转，另一个半球也会失去它的主要功能。虽然一个右脑受损的人还是可以进行自我表达，但当一个正常人讲话时，其右脑并不是沉默的。头脑受损的人，他们的声音是单调的、毫无表现力的，他们无法改变一句话的节奏和语调，虽然他们能够理解语言，但他们很难应对形象语言、隐喻和文字游戏。换句话说，右脑的损伤无损于即时阐释的可能性，但却使人无法再对一句话可能包含的各种意义进行评估，也就是失去了消除歧义的能力。因此，两个大脑半球始终都在处理相同的信息，只是分别以不同的方式进行而已。左脑分析细节，而右脑将细节置于境脉之中。两个大脑半球之间存在大量的神经联结（胼胝体）是有其道理的，从那里通过的信号数量也是非常可观的。动作电位通过胼胝体在大脑的两个半球之间传播的速度因人而异，使得人与人在理解能力和抽象能力上具有很大差别。

例如：对一个词的理解涉及两个层面，图形层面（形状、大小、字体）由右脑识别，语言层面（词汇类型及其意义）和左脑相关，词语一旦被解码，就会在隐喻层面再次被右脑阐释，之后左脑再进行第二次分析，并通过不同处理过程的多次互动，最终实现综合概括，额叶的调节会对这种综合概括起推动作用。

两个大脑半球之间远非相互排斥的关系，而是协调一致的。在信息处理上，这种互补性导致一种功能更强大的新形式的出现，但它还没有被教育所重视。我们的教育一味偏向左脑，强调通过算法进行推理，其实应该在推动大脑的多感觉现实和创造力方面有所作为。艺术教育应该在婴幼儿时期占有重要地位，之后还应继续，因为它并不是在浪费时间，而是可以促进分析活动。

此外，我们应该宣扬的不是两个大脑半球之间的对立，而是它们的互补和在信息处理上的反差。在教育上，我们应该提倡的是差异性。最后，在右脑和边缘系统（控制情绪的脑区域）之间、左脑和掌管意识的大脑区域（即额叶）之间的互动模式还有待研究。

一个人的自我概念与其额叶的敏感性相关，后者在很大程度上取决于与情绪和情感相联系的心智结构。过于激烈的情绪会导致深层抑制，使得学习者连一道本来会做的练习题都做不出来，因为他不能接受获得新知识所带来的风险和暂时的失衡。

一切教学行为都应努力调和认知及其在大脑皮层之下的情感基础。在一个丰富、热情的环境中,学习者会感觉受到激励。我们并不是要排斥情绪,而是要学会令其为我们所用,理解它是如何运行的,了解它的局限,考虑它所带来的前景。

脑的历史,人类的历史

如果我们把脑的历史放在人类历史之中,或者放在更广阔的生命历史之中,我们就能理解脑是如何运行的了。环境在不断改变,一切生物都在"尽可能"地适应这一改变,以达到最佳的运行状态。生物所作出的适应非常之多,并通过建立神经系统把其中最有效的适应保存了下来。有机体能够通过其感应体(对于人类来说就是感觉器官)时刻了解外部变化。一切相关参数(温度、食物)和可能对有机体产生影响的情况都会被侦测到。反过来,通过另一些专门机制,有机体也可以作出反应。

虽然脑不仅管理反应还管理行为,但它采取的是同样的"哲学",即让有机体能够最好地适应。当人们这样看待脑的时候,知识就会成为在一种环境、一些关系或一个社会中实现最佳适应的手段。学习因为依赖于记忆和调动机制,所以也受到环境互动机制的支配,只有在环境变化时,脑才会学习。每次互动都可以被看作一次教育行为。因此,知识是一种不能被授递的个体认知,任何人都必须把知识变成自己的经验。教学的作用只能是组织一些条件,以促进对另一种行为、另一种知识的探寻。教师只能通过改变学生所处的环境,间接地对其认知组织发挥作用。

不过,思想并不是像皮亚杰认为的那样,与适应一样具有连续性,应该看到其中有一种因新事物的出现而产生的断裂。生物性构成了一种支撑,学习以神经机制为基础,但不能被简化为神经机制。学习的发展来自个人所处的物理环境和社会环境。越来越多的研究表明,环境在学习中发挥着决定性作用。学习甚至能改变脑区域的分布,拥有这样的先天能力(这是不可以忽略的)才能更好地适应环境的要求。

发展的可塑性对某些神经系统的影响特别大。如果人脑不具备这种灵活性,一切学习都必将失败,个体也就不会因其经历而产生改变了,但这种特性应该在很小的时候就被开发出来,并在一生中得到维持。"狼孩"现象表明,语言习得在一定年龄之后就几乎不再可能了。同样的道理,在成年后学习一门外语会非常困难,一些音无法被听出或解码,除非此人具有很高的音乐修养。

神经的成熟在很大程度上取决于神经冲动传导的速度。参与运行的神经元网络的数量比人们认为的更多。有的神经纤维外覆盖了一层薄薄的脂类,即髓磷脂,这能使它传导神经冲动的速度加快,但髓磷脂的覆盖限制了神经元之间的一切新联结。在这里,教育需解决一个悖论:它需要促进神经的成熟,但又不能过快地将思维方式固定,让人固步自封。一个在刺激和互动方面非常"丰富"的环境有利于学习,能够促进大脑皮层厚度的增加,神经元的细胞体会增大,树突会产生分叉。我们可能还没有充分利用婴幼儿时期来发展复杂学习。我们要尽早避免阻碍学习的不利因素。个体在塑造自我时,需要借助其可以调用的心智结构,其行动则会反过来以另一种方式塑造这些结构并借此对后者进行改造。个体从环境出发进行自我建构,反过来,他也建构了他的环境。

因此,我们应该把学习放在一种双重运动中来思考:从生物到社会,从社会到生物。这可以让我们轻松地超越关于天赋和习得的习惯性争论。被我们称为"智力"的这种人类思维特征正是产生于此二者的互动。就当下而言,社会因素更容易成为限制因素,因为我们还可开发的生物潜能少之又少。如果不为挣钱,凭自己的记忆力,伦敦出租车司机难道会记不住圆周率后五万位小数[①]?

[①] 圆周率(3.14159……)等于直径为一米的圆的周长,它是一个无理数,也就是说它无法表示为两个整数之比。参见:德拉阿耶,《魅力无穷的圆周率》,科学出版社,1997年。

4. 学习的社会和文化维度

生存是我想要教他的职业。我可以接受他离开了我的手心,他不是法官,不是士兵,不是神甫。他首先是一个人,一个人所应是的样子……

——卢梭
《爱弥儿》,1762 年

人们已经发现了脑的巨大潜力。经验主义、行为主义和建构主义的旧"大楼"已经出现了裂痕,新模式取而代之的时代已经到来。不过在提出我们的建议之前,让我们先快速地回顾一下学习者和学习方式的问题。

学习总是通过"反对"我们所知道的东西来实现的,这些东西也就是以认识论专家居伊·吕默拉尔为首的一些研究者所说的"先有知识"。同时,新知识的出现和已经存在的知识是不可分割的。这些作为模板的先有的、未加工的知识是什么呢? 它们的基础是什么? 它们是如何运作的? 换句话说,在广义上,脑用来干预环境的特殊模式是什么?

实际上,脑处理的不是分散的信息而是概念,这些概念处在认知机制的中心。简单地说,这里所讲的"概念"指的就是被大脑储存的知识,这种存储通过对每个人所特有的思想进行组织这一过程来实现,个体可以在一定的境脉下调用这些知识。

因此,学习就在于意识到这些知识不太适合或完全不适合处理当下情境,因而要超越这些原初的、先有的概念,从一个认知层面跳到另一个认知层面。我们已经看到,简单的信息添加是不够的。同样,对新信息的同化和顺应(在皮亚杰意义上的)是一种太过狭隘的方法。我们需要建立一个完整的概念炼制过程。

学习者的先有概念

要给先有概念下个具体的定义并不容易。我们只知道它永远不会是任意现实的简单映像,它并非直接来源于学校,也并非只和涉及的知识相关,而是在接受学校教育之前就已存在了的。它和个人经历有着密切联系,构成了个人身份的基础,并植根于环境文化中。总之,它在和即时环境、社会环境的互动中形成。每个人从自身观察、自身经验、和他人以及客体的关系出发,建立"个人的世界观",他的情感记忆或社会记忆在其中占有决定性地位。这个解释网络和构建模式使个体得以驯化他的生活环境,这个环境就像一个文化"染缸",带来共同的偏见(这解释了为什么我们会在具有同一种文化的人身上看到一样的概念)。

为了具体说明这个观点,让我们来看看笔者的一次简单经历。

在我的童年时期,我建立了关于尼斯公共交通的实际概念,这个概念以一整套公共汽车和无轨电车线路为基础。线路号码位于车头上方,指明了行车方向,乘客根据这个号码在车站选择公交车。这个模式唯一的难点在于要知道去马路哪一边坐车,不能坐反。对尼斯城的大致了解,加上南面的海作为参照,可以解决这个问题。

在我第一次去巴黎的时候,我把这个原则用在了地铁上。我在巴士底站等了20分钟,就为等一辆带有2这个数字(我选择的线路)的列车。其实,在当时的巴黎,所有列车都朝我想去的那个方向开,不需要找到那个数字(第一节车厢前部也有数字,但它另有意义)。

于是我改变了模式,但它又犯错了,一条在巴黎西北部运行的线路分了叉,变成了两条支线,今天巴黎的很多线路都是这样。这样一来,我还是要选择自己要坐的那趟车,但这次标志在侧面。

其间,我对我的模式进行了加工,插入了一个想法:列车每站都停,不需要示意驾驶员,直到有一天,我发现"国玺镇"这条线路并不实行这一原则。我不得不从安东尼站步行回到拉克鲁瓦-德-贝尔尼站,然后才发现在站台上贴有一张表格,说明了每列车停靠的站名。

这不仅仅是一件轶事,一个"北上巴黎的外省年轻人"的坎坷遭遇使得先有概念的一个特点得以呈现。我们可以看到,这个概念作为一个过滤器对现实进行解码,使人得以行动、拼凑解释、提出假设、进行预测或是作出决定。

虽然一些概念的地位长期以来都不太稳定,但它们有时作为标准模式的替代模式,会表现出惊人的内在严密性,甚至可以在面对相反论据时在逻辑上取胜。这会让教学问题复杂化,因为学习者仅仅接触新知识是不够的,还应吸收它。

即使个体最终掌握了社会所传播的知识,这些知识也永远不会是一种赠予,永远不会是直接传递给个体以随时备用的。我们要再重复一次：学习者必须借助自己的工具，自己炼制知识，在他所处的即时环境中，他至多只能找到一些能够和他的概念相互影响的信息。

在这个意义上，我们对世界、对人、对现象和事件所形成的概念只表现了自身对于现实的一种不完整的、相对的、部分的看法，但我们以这一看法为基础对其进行加工，当它的局限性越来越大，并出现另一种更有效、更方便的概念时，我们会将前者抛弃（因此，一种"存在于自身"的概念是没有意义的）。最终，学习者只会在信息里寻找对于满足人们向他提出的要求有价值或有意义的东西。他对自己提出的问题或他所追求的计划决定着他所接收或采集的信息的重要性。只有当信息对他具有意义时，他才会占有这一信息，并修正自己的思维系统。

在科学或技术领域，人们所使用的概念总是具有其特殊性、专门性，甚至因为分支的不同而相互对立。雷达专家对"微波"的概念和负责调试微波炉的工程师对"微波"的概念就截然不同：就微波炉来说，微波和食物加热相关，强调的是尽量减少能量损耗；就雷达来说，它所要求的则是电磁信号被尽可能地隐蔽。同样，一个主张顺势疗法的医生和一个主张对抗疗法的医生对于药物的概念也是不同的。

常识

另一件具有积极意义但也具有遮蔽性的事情是，人对于任何事物都会抱持某种观点。这种现象使学习变得容易（为老师提供了抓住学生的着力点），但同时，这些模式化的推理方式又会严重地束缚学习，使个体总是觉得自己已经知道或已经掌握了那些待学习的知识。这种碎片知识让人想不到去提某些问题，因而无法获取某些信息。

如果我们鼓励学习者就某个主题表达观点，他们会兴致勃勃地带来一大堆非常尖锐的"理论"。这样一来，他们就把在自己看来非常明确的关于身体、环境、疾病、疗法等的知识表现了出来。他们知道，或者说以为自己知道，计算机是如何运行的，还能对金钱、通货膨胀、温室效应、臭氧层等进行高谈阔论（下面这两张图表现出个体所掌握的概念的多样性以及它们的局限）。相反，当学习者对某个主题没有明确的判断时（有时是因为这个主题和他们关心的事相距太远，有时是因为它不属于常识范畴），他们会试着应急似的对其形成一个观念。

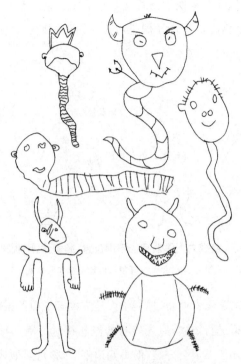

图1 儿童关于微生物的概念

(来源：日内瓦大学科学认识论与教学实验室)

例如：学生和大众对于构成物质的粒子不是太感兴趣，不过，如果老师在学生参观过欧洲核子研究中心后提出这个问题，学生立刻就会把这个领域和他知道的世界联系起来。对于学生来说，物质一般是"可见的"、"很重的"，会引起"一定的阻力"，和"空"相反。他们认为"其中包括很多东西"。根据不同的学习水平，他们有的会说"里面有原子、神经元、分子、细胞、电子等"（一个高中刚毕业的学生的话），有的会说"原子有一个由质子、中子、条子构成的核"（一个高等数学预科班学生的话），还有人会说"夸克是电子的一个成分"（一个数学物理专业大二学生的话）。

教师了解了学习者的先有概念后，就可以划出学习者所掌握的思维范畴，特别是，得到这些信息后，教师可以对教学中可能遇到的障碍作出预估。关于物质概念，我们可以看到在各种组织层面之间彻底的混乱①。这些小家伙把细胞放在了分子里，把分

① 对于他们来说，只有固态的才是物质。

子放在了原子里。他们完全忽视了物质其实是依照一系列复杂程度不同的层次来组织的(从基本粒子到生物圈)。[1] 由于缺乏对这一知识领域的整体观照,他们的认知出现了严重的混淆。

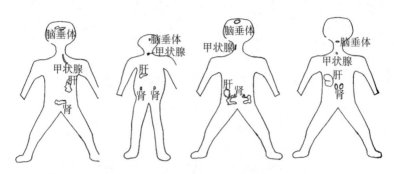

图2　成人绘制的人体器官的不同位置:脑垂体、甲状腺、肝、肾

(来源:日内瓦大学科学认识论与教学实验室)

对于那些专业些的学习者而言,他们学习这方面知识时的困难在于掌握原子的结构。他们借助原子模型进行描述,原先持有的概念相对正确,但这一模型阻止了他们接受量子模型。他们知道原子会分裂,但不知道细节,很自然地认为夸克在电子内部,或是把夸克、光子和玻色子混淆起来。对于他们来说,物质总是被分解成(或可以被分解成)独立的(或可以彼此独立的)元素。他们是根据加法思维进行推理的,而不是在与新事物的互动中修正先有的概念。

先有概念的肖像

观念、图景、推理方式、解释模式、生产意义的方式,所有这些拼出了先有概念的肖像。[2] 先有概念是我们了解学习者的工具,是我们理解他们的学习困难的手段,让我们意识到学习过程的缓慢,但最重要的是,它可以帮助我们勾勒出关于先有概念的概念,即元概念。元概念是理解学习这一精细复杂的机制最常见的障碍。

我们在教学时要努力做到一下子就触及先有概念,如有可能还要撼动它。学习者

---

① 向对此不熟悉的读者解释一下:每个组织层次都包含另一个层次。分子由原子构成,原子由原子核和电子构成,原子核包含质子和中子,质子和中子由夸克组成。

② 详情参见第13章。

的先有概念没有"对"、"错"之分，也不分"合适"或"不合适"，它只有是"具操作性"还是"无效"的区别。它为我们提供一定的便利，具有一定程度的恰当性，使我们能够解释、预测和行动。我的话可能会让教学法、认知科学和认识论方面的纯洁主义者感到震惊，但我们还是需要将先有概念的看法相对化，否则它会很快变成僵硬无用的教条。

任何先有概念都既是一种"还不错"的知识，又是一个极大的错误。传统的地球平面图导致了我们的欧洲中心主义世界观，但这种世界观帮助我们西方人确定了自己在地球上的位置，至少在与我们自身利益有关的国际关系方面，促进了我们对流通、交流和关系的理解，在这一点上，它无疑是一个重要的、有用的知识。然而同时，这种世界表征又让我们误入歧途。太平洋不见了，实际距离变形了，各个国家的面积被过分放大或缩小，呈现出不切实际的空中线路，此外，它还造成了我们的决策者在地缘策略上的无知。

要处理学习问题，我们必须考虑学习上的先有概念，将"新手"概念和"专家"概念（在一个参照共同体中被接受或得到一致认同的概念）区分开来。科学领域的"专家"概念在日常生活中并非总是更有效的。当人们在一座城市中走动时，最合适的概念是什么呢？要找到自己的路，最好是按照科学模式——即地球围着太阳转——来推理呢，还是按照大众的想法——即太阳围着地球转——来推理？当然，当教授的内容和历史相关时，我们应采取第一种概念，以颂扬人类最早在认识论上摆脱自我中心的行为，但如果教的是实用方法，那就不是一回事了，你可以试试看用第一种模式能不能找到路。

对我们来说，每个得到某个参照共同体承认的知识都是一个概念，而且是一个成功的概念。这种成功或是因为它已被证实（科学知识就是如此），或是因为它以这样那样的方式被认可（在文学和艺术领域便是如此）。我们要同时研究各种科学炼制机制的意义便在于此。

在科学史上，有很多本来很有见地的知识后来变成了巨大的障碍，在短期内难以逾越。孟德尔修士的例子就很能说明问题：在遗传学发展的特定阶段，他的贡献是巨大的，他并不认为遗传是遗传特质均合的结果，而是提出了一个具有启发性的观点，即遗传是建立在遗传特征的分开传递之上的。在他之后的研究者很难突破他的说法。实际上，并非所有特征都是分开遗传的，人类拥有约十万个基因，但只有 46 条染色体，大量的基因是彼此联系在一起的。此外，基因在外显时，互相之间会有多种多样的互动。最后，这些遗传特征并不具有完全的决定性，它们的表现受到其他因素的影响，特别是受到环境的影响。在长达一个世纪的时间里,基因学因为受到一个太过强势的概念的束缚而放缓了发展速度。丹麦人尼尔斯·玻尔的原子模型以及英国人克里克和沃森的 DNA 模型可能都造成了同类型的障碍。

概念的来源

一个概念在构建或表达时,并不是所有材料都一定来自和这个概念最为相关的领域,例如:一些关于科学话语的概念出现在了关于性别的刻板印象上。男性统治的观念强化了一些关于遗传的研究,从亚里士多德到当下种马场的选择模式,它一直在主导着大众对于受精的某些概念。女人被限定为一个多少有点被动的接受者的角色,而男人则扮演着更为主动的角色,通过提供他的精液来成为创造孩子的主力。

我们在第 1 章和第 2 章提到的关于学习的概念,直接来自关于人特别是关于儿童的哲学概念。经验主义教学法的支持者始终认为儿童是“未成形的人”。儿童是“一种有待塑造的、未成形的材料”,是“一种容易被腐化、容易走上歧途的材料”,这些都是我们经常能听到的观点。因此,那些自发概念没有任何价值,更糟的是,它们还会影响对知识的获取。对于建构主义者而言,孩子则像拉伯雷说的那样,是“等我们去点燃的火”。虽然孩子是正在成形的人,但在卢梭看来,“孩子天性善良”,让孩子变坏的是社会。因此,我们要借助孩子自发的兴趣,通过激发他的好奇心唤起他的天性,使他的天性得到充分发展。

人们认为人的情感特性也会带来一些先有概念。关于“热”这个问题,有人认为皮毛具有热的性质,是因为母亲让人感到温暖,而另一种解释认为,这是婴幼儿时期的记忆造成的。

最后,还有一些概念来自学习者的深层人格,与他和周围环境的最初关系有关,它们反映了一种强烈的掌控需求。如果教师在进行论证时触及支撑这种掌控的知识,哪怕只是间接触及,学生的人格都有可能坍塌。学生会自发地、竭尽所能地维护自己原有的观点。

改变先有概念,可能吗?

改变先有概念从来不是一个简单、直接、中性的过程。每一次改变都源于一次不快的经历,对于学习者来说是一次威胁。过往经验的意义被改变,个体阐释现实的方式,甚至他赋予人生的意义,都会被打乱。

不仅是在教育环境中,在很多情境下人都很难改变自己的观念。在法国,在所谓的"新"法郎已经使用了 40 年之后,许多超过 40 岁的法国人在遇到大数额的时候还是要把它们转换成旧法郎来加以感知。只有在这一思维框架中,金额才真正具有意义。"一万新法郎"不拥有"一百万旧法郎"的表征分量。我在瑞士的一个实验室待了 20 年,我发现自己居然还是需要把以瑞士法郎或埃居为单位的研究津贴转换成法国法郎,我都不好意思承认。

科学史也表明了这一点。早在 17 世纪卵子和精子就已经被发现[1],但直到 19 世纪末才形成了我们今天熟知的受精模式。在我们看来理所当然的知识要花上漫长的两个世纪才变成理论,这怎么解释呢? 很简单,研究者被之前的概念束缚了。公元前 4 世纪,希腊人德谟克利特这样说道:"男人和女人都生产一种生殖物质,这种物质在身体的各个部分制造,特别是在脑部,它从脑部通过骨髓到达肾脏。精液混合在这种物质里,并在胚胎的构成中和这种物质占有同等分量。孩子像父母中提供物质较多的那个人。"同样,亚里士多德认为女性对于创造孩子的贡献没有男性大:男性提供了运动原则,而女性提供了物质(月经)。这个观点看上去很符合逻辑,因为在怀孕期间月经停止了。

笛卡尔也提出过类似观点并作了些许改变。这位《沉思集》的作者认为,动物胚胎来自两种精液的混合。他写道:"这些精液开始发热,一些粒子获得了像火一样的活跃性,开始膨胀并压迫其他粒子,由此使粒子逐渐按照四肢形成所要求的方式进行排列。"笛卡尔试图解释从液体到固体的形状转变过程,当时的科学家们关心的正是这一点,以前的解释在他们看来是不够的。最让他们信服的是仿照面包发酵的原理提出的"发酵"模式,它在当时获得了巨大的成功。

尽管显微镜在 17 世纪已经得到发展,人们可以亲眼观察到精子和卵子,但大多数学者仍然固执己见。他们的先有概念对他们形成了阻碍。一些人甚至否认配子的存在,或是赋予它们一种荒唐的作用,直到 19 世纪中叶都还有一些人认为精子是精液里的寄生虫。另一些人则相反,他们想要寻找证据证明孩子的雏形从一开始就存在,便从卵子或精子中找出一些信息用以丰富自己的先有概念,由此

---

① 参见:焦尔当主编,《生物学简史》第二卷,拉瓦兹耶出版社,1987 年。

产生了两大相互竞争的预成形理论：一方是卵源说（该理论的支持者认为母体细胞包含了婴儿雏形），另一方是精源说（该理论的支持者认为婴儿雏形是精子带来的）。这种争论持续了整整两个世纪，每一派都提出了不可辩驳的观察事实。可惜，很多事情不是一眼就看得明白的，学习也不是只需修改先有概念就可以进行的。

类似的例子还有很多，它们都反映了在学习的道路上存在的困难。直到今天人们还在说"用心学习"；当受到爱情折磨时，人们会画一颗心。这说明人们还惦记着心脏这个砰砰作响的器官被当作思维和情感之所在的时代。同样，医生在使用"尿"这个词的时候用的是复数（des urines），而不是单数（l'urine）。过去，学者们认为有两种尿，一种是通过神秘通道由肾排泄出来的（"血尿和夜尿"），另一条路线（想象的路线）比较直接，是从肠子或胃流到膀胱。这种观点最早由希波克拉底提出，持续了 35 个世纪。在今天学医的大学生身上，我们还能看到这种观点的余波。

在前文中，我们说明了概念是个人的思维组织方式和个人身份的支撑，这表明它们不是单纯依靠学习情境而产生的一种人造现象（概念不是学习者被引导着说出的任何东西），也不是孤立的观念。它们是学习者认知网络的组成部分，这一网络是概念的基础，并赋予其意义。

在讨论中或课堂上显现的不是学习者的心智结构本身，而是它的外在表现。在学习方面，我们需要对"已经深入人心"的模式进行进一步描述和探讨。这一模式很少以直接的方式表现出来。好在我们在下文中会看到，它的主要特点还是比较容易掌握的（只有个别例外）。

人们看到这些话可能会感到很悲观，觉得这实在是太复杂了，既然在我们身上曾经管用过，那就还是按照一直以来的方法教吧。为什么我们不能反过来，把这种描述看作一种清醒的尝试，使我们的教育或知识传授变得更有效呢？这些认识可以让我们更好地理解为什么先有概念会抗拒改变，也指出了那些能帮助我们超越先有概念的条件。将一种概念转变为另一种更合适的概念当然是困难的，但我们不应气馁。更好地了解学习机制能够让我们创造出有效的学习情境。[①]

---

① 更多相关信息详见第二部分。

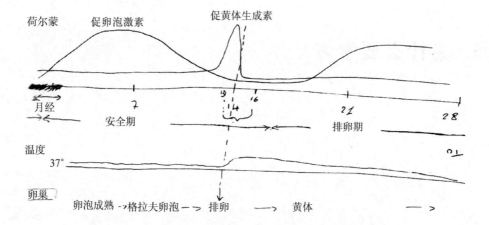

图3　一名生物学专业的女生关于女性排卵周期的概念

这名学生很好地掌握了生物课的内容,但她不会定义女性排卵期。

（来源:日内瓦大学科学认识论与教学实验室）

5. 为什么要学习？

学习是依赖性的降低。

——伯努瓦·比尼多
《平凡中的神奇》，1989 年

人会学习，至少会试图去学习，但学习是为了什么呢？和人类的所有活动一样，学习的目的已经不再是其本身。我们吃饭不是为了吃饭，而是为了处理一桩业务、庆祝生日或是追求姑娘。我们做爱不是为了生孩子，而是为了建立社会关系，或是让自己感觉不那么孤单。同样，我们学习是为了在学校考出好成绩。学校从来不是一个学习的好地方，在学校里，学生要做的就是一丝不苟地按指令行事。现在的学校更像是一个发证书的地方，人们去上学是为了让自己的特长得到承认，因此出现了越来越多的私人课程、外语游学，这些都是学校学习所重视的东西。

当然，在所有的基本规定中，学校把知识的获取放在了优先位置，但与此同时，荒唐的教学计划和经验主义教学法加在一起，却让大多数学生远离了"学习"。更糟的是，学校让很多人对学习失去了兴趣。学校的各种测试说明，在书桌后面待的时间越长，好奇心、疑问和学习的愿望就越少。只有那些明白"要想在未来获得好的境遇，学校是一张必需的通行证"的学生，才愿意"玩这个游戏"。

一大早就在物理化学课上教烯烃的溴化和氯化，然后在历史课上讲俄国地方自治局的建立①，最后再来两节数学课考空间内的共线关系或正交性，学校怎么可能有趣呢？这些主题在本质上很有吸引力，这是肯定的，但只有那些花十年时间了解这些领域、有能力立刻解析出其中的文化和经济价值的专家才会对它们津津乐道。

前面是体育课的足球时间，后面还要上地理课学习农业活动分布因素，谁还有心

---

① 法国高一的课程。

思在这两节课之间欣赏德·龙沙、波德莱尔、魏尔伦这些诗人呢？为什么要努力去理解或是从中寻找乐趣呢？这不是人们所需要的，重要的是快速提供教育体系所要求的东西。

学习，一个代价巨大的过程

随着时间的推移，学校体系走上了歧途，人们逐渐将"知道"和"学习"相混淆。想要知道并不意味着愿意学习。学习是一个在时间和精力上都耗费巨大的过程，未来也将如此。它要求人们抛弃自己确信无疑的事，放下一切快速获益的念头，投入到一个我们事先不知道是否能从中得到满意结果——特别是在失业的时候——的过程中去。没有人可以肯定，自己会因为学习而得到与付出相当的社会"好处"。

我说的当然是总体情况，还是有很多教师不顾及自己的职业前途，全身心投入到自己的工作中。学生也经常会在上学期间开窍，有时甚至会发生出人意料的转变。就我而言，是一位体操老师让我开了窍。不过在大多数时候，大把的机会都被错过了。错误的根源显而易见：臃肿的教学计划不是按照一种教育规划来制定的，而是以狭隘的行会主义为基础。多说无益，这不是我们要讨论的问题，我们只想指出，学校的这种堕落在今天又与其他一些人的利益汇合在了一起，他们支持所谓的追求自由的自由主义。

通过伪学习，学生"学会了"成为消费者。在他们看来，老师教授的知识顶多可用于升入下一个年级或是考试过关，出了校门，他们看不到这些知识有任何价值，只有得到的文凭是有用的，能让他们（有机会）获得一份工作，赚到消费所需的金钱。

我们的社会难道不就是这样进行组织以维持这种观念的吗？有人会辩解说，这可以促进消费。电视、电影、广告发展出一种虚假的幸福、便捷生活的景象，导致人们变得极为被动，毫无探究的兴趣。玩具变成了简单的按钮，汽车和电脑变成了身份的象征，旅游变成了一个个地点的叠加，即使不进入当地人的文化也没关系。

人们不会想要去搞明白光驱、电话、摄像机是怎么工作的，不会去思考这些技术在人类观念发展史中的地位，更不会去思考它们的使用问题。电话一响人们就去接电话，即使正在招待客人，好像我们还在那个一通电话就意味着一件紧迫之事的年代。最重要的事变成了流行什么就要有什么，昨天是汽车，今天是手机。在这种环境下，努力学习有什么用处呢？从学校开始，没有一个地方在提倡学习。学习的乐趣无可挽回地被清除出了我们的生活。①

学习，一件益处无穷的事

那种被我们置于"学习"这个总称下的如此特别、如此出人意料的能力，正代表着最有意义的人类"益事"之一。学习的潜力随着人类社会的发展不断增加，反过来，人类社会也随着学习潜力的增加而进一步发展，或者更确切地说，人类社会若想要更加人性化，就必须更加重视学习。然而，不要以为学习是人类特有的一种能力，它是生物最大胆的创造之一，在最简单的生物组织身上都可以观察到。细菌、微生物、单细胞生物和菌类都有能力表现出复杂的行为。实际上，学习是一切生命形式都具有的能力。随着时间推移，这种能力成了进化的动力之一。因此，我们可以把学习看作生命的必需品，和吃饭、喝水、睡觉一样。

学习使生物通过进化不断适应各种各样的生活环境。它是生物的根本特性，其规则甚至被写入了生物的遗传基因。也许有人不相信，但这种潜力真的是我们从基因中获取的。不过我们的头脑中没有任何东西是固定不变的，智力始终是有待建设的。在最开始的时候，我们的头脑里只会制造一些蛋白质，这些蛋白质是构成神经元的材料。解码信息，将其储存，在合适时加以调用，这一切都来自与环境的不断互动。对我们的头脑而言，环境是如此重要，只有与环境建立联系，或是借助与环境产生联系的媒介即老师，我们才会学习。

在幼年时期，学习是一种冲动。反过来，冲动又使儿童的潜力和智力进一步加强。一个人不再学习，这常常是抑郁的症状，再往后很可能走向死亡。而那些保持着学习热情的人则始终保留着生活热情，甚至在最糟糕的低谷期也是如此。学习让人类抓住自己的生存本能。此外，学习让人们走出惯习、依赖和自命真理，让人们从成功和失败中汲取经验并在新的情境中再次运用这些经验，让人们理解自身和他人。

拥有知识，其实是一种幸运。对于拥有知识的人来说，本来像座山一样庞杂的东西（比如某种行政手续或是自己身体的运行）会变得更为简单。他可以不再受专家的哄骗和利用，不再是后者的玩具或奴隶。他可以求助医生或律师，避免被水管工骗钱，或是泰然自若地和市长理论。在一个不断变动的世界中，从自己和他人的经验中吸取

---

① 参见第 13 章，学习的悖论。

教训也将成为一种力量,使人们继续适应不可避免之事。

　　然而,我们现在进入了一个过渡时期。人类从未拥有过如此多的物质、科学和技术潜力以掌握自己的命运,人类从未创造过如此之多的财富。在欧洲,国民生产总值在二十年内增加了两倍。在亚洲,国民生产总值年均增幅达15%。不过在21世纪初,我们的社会必须面对各种形式的暴力剧增、社会排斥、传统生活方式的解体、贫富差距和南北差距的进一步扩大、新技术的奴役以及对自然前所未有的开发等。事实上,对技术创新和货币市场力量的控制不利,以及此二者的发展逐渐停滞,使得我们社会未来的发展疑云密布。① 人们开始担忧人类社会如何继续生存(对子孙后代能否保有一定的生活质量有所担忧),开始怀疑各种解决社会问题的方法(这些方法往往比要解决的问题本身还糟糕)。在各种各样无形的地方权力和无法掌控的跨国集团之间,政治鞭长莫及。每个人都被这些迅速的变化弄得措手不及,觉得自己变成了人质。人们感到头晕眼花,过去的标识由此变得模糊。我们的同龄人无力掌控这些现象,于是作好预防突发事件的准备,尽量避免风险,有的躲在自己的壳里,有的躲在自己的隔离区里,有的躲在自己的民族主义里。一种幻想的安全建立了起来,和社会却疏远了。一些人鼓吹回归传统价值,或是排斥他者、异邦人,把他们看作侵略者。

　　为了不对这种头晕目眩让步,现实主义要求我们学习接受挑战,不论这一挑战是什么类型、以什么样的形式出现。正在发生的一切并没有什么好担心的,这只是我们历史的一个阶段,最明智的做法是把这种不稳定性纳入我们的世界观。不确定成为世界本身的性质,我们既要超越对确定的渴望,也要发展批判能力,认识到个人和民族的多样性。知识不再是一堆机械、线性、封闭、确定的信息。我们要学会不再抱有固定不变的想法,学会修正自己的判断,接受和我们的信念大相径庭的观点。在差异上下功夫有助于澄清我们自己的价值观,避免产生排斥反应。

　　新技术(计算机、多媒体、互联网等交际网络)为我们提供了一个巨大的信息仓库,只需点一下鼠标便可获得所需,但也正是它们颠覆了我们的生活方式。图像和信息的自由流通促使我们改变自己的世界观。有新技术就有新学习。现在是学习对信息进行搜索、挑选、分级的时候了,否则我们就会被信息所淹没。我们还要学会阅读图像,解析它的结构、前后联系和组合形式,还要学会发挥直觉,嗅出"好"的信息网络和有价值的论坛。对于任何电子资料我们都应抱质疑的态度。面对大量的信息,我们并不知

---

① 无论如何,这是一个信号,是社会的某种健康反应,意味着人们开始有所意识、有所反应。

道它们的来源和可靠程度,因而必须具备一种批判意识。在这个变幻不定的世界中,任何事情都可能很快变得混沌难辨,学习从此超越了单纯的事实知识的获得,我们需要重视的是对方法的获取。

学习首先是一种寻找

学习从未像今天这样意味着掌控,就好像骑自行车,要一直踩踏板才能不倒下。学习作为一种掌控,应该使人们始终保持一种开放性,但这种掌控的另一面是不断地追求,是对自我超越甚至自我超脱的需求。这种能力我们每个人都具备,它应该让我们超越自我,否则我们就会固步自封。

学习能力应该引发这种不断的追求,使个体在自己的道路上走得更远,或是比原来的自己走得更远。这种追求让人跳出常规、习惯和自命真理。对超越的需求,不停留在习惯之地的需求,甚至自我超脱的需求,成为我们这个时代的关键,个体由此得到自我更新,变化的力量成为生活的根本,它推动人们走出自我,走出熟悉的生活环境。

因此,学习通向无数条道路,它可以成为一种新的"生活艺术"——把蒙田想要在孩子身上点燃的"火"维持到成年的艺术。它可以简单地用于巩固旧识、东山再起或是不断进步。它可以通过种种方式使人类社会更具人性。演奏一种乐器,从事一项运动,掌握一门语言,理解一种哲学,了解一个国家,或是在花园里种点玫瑰,正如记者和散文作者弗朗索瓦·德·克洛赛所说:"有价值的是我们的人,而不是我们的遗产。这种获益不需缴纳任何税赋,也不会贬值。"对于很多人来说,这是他们切实拥有的唯一的、真正的财富。在遇到挫折时,我们总是可以依靠自己重新出发。

因此,学习既是对个体所有的丰富,也是对社会存在的丰富。对于不同的人来说,它可能是一种乐趣、一种热情、一种激动、一种愿望、一种喜悦、一种冒险、一种承认,或是它们的不同组合。

第二部分

关于学习的新研究

6. 通过我们之所是学习

我们关心孩子的脚胜过关心他们的思想，他们有各种形状、各种大小的适合他们脚的鞋，但什么时候我们才能有一所因材施教的学校呢？

爱德华·克拉帕雷德
《在日内瓦医学协会上的发言》，1901 年

要学成某样东西，并没有一条"最佳道路"可走，也并非只有一条道路。要学会一门外语，可以通过听力训练、小组学习、阅读文献、口语练习取得进步。学习工程学和生物技术知识，要求学习者对不恰当的实践进行分解，建立假设并进行验证，就各种模式提出问题，对自己的推理进行思考或全面审视，以建立一个替代模式。比喻、类比、图表和"概念图"可以帮助个体完成学习任务。文献研究、任务执行和问题解决都会对学习产生有利影响。

所有这些活动都是必需的，它们有时甚至是互补的，但最重要的并不是它们。人们实际上是通过自己之所是在学习。学习者掌握的认知资源决定着他的学习。学习者根据自己的大脑潜力来阐释外部信息。他的过往经验和规划发挥着决定性作用。例如，一个人是否有动机进行一项活动，取决于他对这项活动、对自身能力的认识，以及他认为在行动中可以进行何种程度的调节。

学习者的首要地位

我们认为学习者在学习中占据着最重要的位置。在学习中需要协调的因素众多，我们可以确定无疑地说，学习者是其自身教育真正的"创造者"。学习者所处的环境也同样重要，但它以协同的方式发挥作用。当学习者的心智活动和他所处的环境之间建立起丰富的互动时，他的知识水平就会有所进步。环境能刺激学习，并赋予学习以

意义。

原则上，学习是互动的结果。只有当我们在自身思维系统内对所知进行阐释时，我们才真的在学习。在需要进行管理的情境中，每个个体都拥有一些对周遭世界的解释以及相对明确或恰当的信念，以此形成自己的观点。如果个体对于当下涉及的问题没有现成的观点，就会采取一些手段寻求解释或对情境进行预测。

个体拥有自己的解读网格，并能操控一整套阐释模式。对所涉及的问题产生重要影响的，是关于物质、能量、生物、群体、因果关系的图式、隐喻和认知模式。面对一项计划，这个运行中的思维系统，即我们所说的先有概念，决定了学习者解码信息的方式，学习者的认知系统结合他所掌握的智力工具则会对信息进行过滤。

神经潜能、记忆中的个人经历以及直接作用于个体的环境或互动式的环境——它可以随时将个人经历现实化——的融合带来新事物，学习就是这种新事物出现的结果。在教学活动中，学习者就像媒体从业人员那样挑选、强调、调整、组织、协调他能够理解的因素或是他想利用的因素，其他因素则被排除或忽视。学习并不是信息和资料的堆砌。理解一个新知识，意味着将它纳入已有的思维结构。学习者的自身知识先于教育（或文化）情境存在，但可以在这一情境中被调用，学习者通过这些知识对新信息进行解码并加以对照，在需要的时候还可以借助它们形成新的观点。

学习就是改变自己的先有概念，更确切地说，就是从一个解释网络过渡到另一个更合理的解释网络，以处理既定的境脉。想要"传递"信息的教师和知识传授者必须谨慎对待这些先有概念，如果不对它们加以重视，那么学生虽然还是会学习，但学的可就不是他们所预想的东西了。学习者在数学课、科学课上学到的是：这些学科极其复杂，虽然这些知识会伴随他们一生，但他们永远都用不上它们！

在成功的学习中，新知识会被整合，这是先有概念的组织①和调节过程。这种整合与学习者所面临的新情境形成互动，最终可能改变先有概念。不过，新知识的形成有着非常苛刻的条件要求，我们在此只举出主要的几条。

首先，如果学习者能够了解他用这些新知识能做什么事（最好是短期内能做到的事），他就会去学习。其次，如果学习者能够改变原初的心智结构，甚至彻底重塑心智结构，他就能学习。最后，如果新知识或对知识的新表达能给学习者带来"好处"，并让

---

① 实际上这是一种重新组织，有点类似生态恢复现象，至少生态恢复为考察这一精细复杂的机制提供了一个较好的模式。

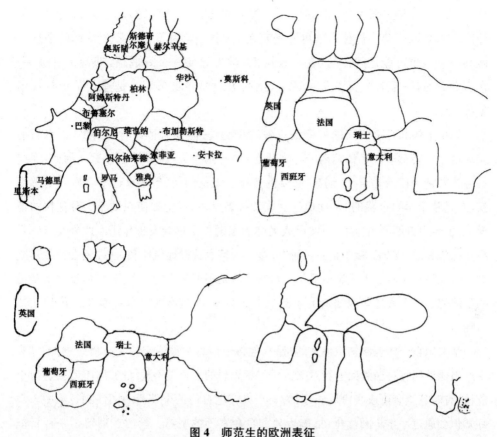

图 4　师范生的欧洲表征

(来源:日内瓦大学科学认识论与教学实验室)

他在解释、预测或行动时感受到(元认知的)这种好处,他就能学习。

要让学习者放弃一个既有知识,就必须让他拥有一个能够替换它的新知识,并让他感受到这个新知识可以发挥和既有知识同样的功能(甚至更多的功能),能够让他掌握更多的东西,带领他进入未知的知识领域。可惜的是,这一切不是立刻就可以呈现的。既有知识因为各种各样的原因遮蔽了新信息,在大多数情况下会断然排斥新知识。全新的知识具有威胁性,个体难以接受自己的知识体系被打乱,随之而来的还有打破学习者自我形象的风险。

没有分隔,没有等级

最初,学习源自一种意愿、一项计划,这项计划可能是隐性的,由一种需求、一种愿望或一种缺失而引发（例如引起学习者思考的一个问题）。个体只会出于某种需求而采取行动。这种需求可能是直接的（学习者为了达成某个目标而必须去做某件事），也可能是间接的（在学校层面，学生想要一个好成绩，期待考试过关；在运动方面，一个人之所以学习冲浪，是因为想要寻求乐趣或是建立某种自我形象等）。

如果个体和环境之间的平衡被打破，他就会去修补这种暂时的失衡，以重新适应环境。一切都取决于他期望的存在状态：想要做什么，想要知道什么。为此，他要去寻找各种手段或是自己"创造"必要的情境。无论如何，学习永远不会撇开情感因素（它是整个学习过程的"发动机"）。在传统教学中，学生即使在学习十分拖拉的情况下，也会想着不能当差生，与父母或老师的亲密关系也会发挥作用。此外，激动、乐趣和愿望有助于记忆，赋予信息一种"分量"，为信息选择提供便利，也许还在突触建立联结时和神经递质的生成发生关系。情绪当然是不可缺少的一个方面，但仅有情绪也是不够的。一个人如果想知道关于量子力学的一切，就必须采取一步步专门的认知步骤。

学习源自个体炼制知识体系的过程，他将新信息和被调用的先有概念进行对照，生产出能够回答自己疑问的新意义。学习者思想的变化是不连续的，时不时会遭遇小危机，有时甚至会造成身份危机，因为一个人会把自己的全部身心倾注到行动中。幸好知识会通过一步步的优化，抵御表象和自命真理的诱惑。学习者理解了一种新模式，也就意味着他的心智结构发生了重大变化，他的提问框架被重塑，参照网格也会在很大程度上得到重新炼制。

从孟德尔遗传学到人口遗传学，人们探讨的不再是同样的问题。不论是关于物质的宏观观点还是原子—分子理论、量子理论，各种词汇不再具有相同的意义（即使是完全相同的词）。我们不能简单地说，学生学习的是那些他们有能力与之建立联系的东西，或那些他们有能力根据自己的理解模式吸收的东西。炼制机制多种多样，会根据学科的不同而变化，它要经过修正、转变等阶段，有时还会受到被调用的先有概念和被过滤的信息的影响。

如果某种结构更适于解决引发这一过程的问题，它就会稳定下来。如果新的平衡出现，新的、更合理的运行模式就会建立起来，这种模式的操作性得到了个体的验证后，改变先有概念就比较容易了。这种认知经验形成后，并不是被简单地存储起来，它必须时刻处在可被调用和被调用的状态。大脑不断地粉碎它的存货，进行实时重组。

这种重组会提供应对新情境的方式。① 新知识的炼制不一定要摧毁先有概念,大多数时候出现的是中和或替代现象,不同的表述可以共存。

促生疑问

学习还要求学习者赋予他所炼制的知识以意义。要让学习尽善尽美,学习者必须意识到所学知识的结构和重要性,特别是它的用处。对知识的占有总是通过学习者和知识之间关系的变化表现出来的。在这一点上,学生也有自己的先有概念(实际上是元概念)。他们对学校、学习、各学科的地位和教师的角色都有自己的观点。当他和某一位具体的老师发生联系、产生特定接触时,就会修正自己的观点。

这些先有概念会对学习产生影响,一个想要进行创新的教师在学期末的班级里很难实现他的计划。学生一心要准备考试,他们对所有不切题的内容都抱有怀疑态度,担心它们对考试没用。学习者总是有意无意地把他对知识的运用和某项计划联系起来。他按照自己的做事方式对这些知识进行处理。他的责任感是一个至关重要的因素,它有助于发展一种有利于学习的态度。一切都是相互联系的,元知识反过来可以构成一项计划或一种乐趣。学习是一种动力学,产生于多重互动之中,它还具有复杂的功能,不能被化约为单一模式。在许多方面,学习甚至呈现出悖论性特征。

例如,个体通过自己的先有概念对环境进行学习和理解。这些先有概念是他掌握的唯一工具。他通过这些先有概念解码现实和接收到的信息。同时,这些概念又是他的智力"囚笼",把他封闭在某一种理解世界的方式中。要在一个瞬息万变的时代学习,个体必须走到自己先有概念的对立面,但他又只有"依靠"自己的先有概念才能做到这一点。

要实现社会经验的占有必须如此大费周折。我们无法直接照搬他者的思维方式。在使用经典物理学的一些简单概念时,对于同一个词(力、能、功、加速度、功率等),专家和学生并不是在同样的含义网络上进行操作的,他们的经验并不具有相同的意义。比如,"作用于重心的力"是一个很适合科研人员和工程师的表达方式,能很好地阐述观点,但学生必须掌握其应用条件才能理解这一表述。物体必须被假定为刚体,若是

① 我们掌握的各种恰当的信息处理程序越多,就越能够将资源用于情境阐释。学习者掌握了多种应对环境的方法,就能根据情境和内容的不同(当下的条件)采用不同的方式加以处理。如果情境与其已掌握的方法不匹配,或遇到特殊情况,学习者就会采用低于他能力水平的应对方法。

衰减形变的物体,就无所谓"重心"了。然而,正是在这个时候,教学可以表现出它的全部意义,其他知识传授活动也是如此。因为这里存在另一个悖论:如果个体只能通过自己来学习,那么学习者就几乎没有机会去独自"发现"可以修正他的问题、他的概念或他与知识的关系的那些信息了。一个人赋予知识的意义不能直接被传递给另一个人,只有学习者才能炼制属于他自己的含义,并通过自身经验将这个含义与他之所是相兼容。不过,知识传授者可以把各式各样的信息进行过滤,可以控制外界刺激的大小,以此来促进这种意义的生产。他们可以辅助学习者进行比较、建立联系(时间的、空间的、因果的联系),还可以促使他们进行组织。如果缺少知识传授者,或是传授活动过于匮乏、零碎,不具适应性,不能被理解,那么个体就无法建构适当的方法来认识环境,因而也就不知道该如何利用环境信息。

变构模型

教学或知识传授工作就像一种复杂的炼丹术。本书所提出的"变构模型"让我们可以把聚集在一起的各类因素进行分类。[1] 所有这些参数都是限制因子,缺少其中一个,学习就不能进行。你可以试试让一个害怕犯错的学生去学习,害怕会造成止步不前或逃避这样的初级症状。学习者在面对威胁时会选择溜走。教学或知识传授活动要调制一杯微妙的"鸡尾酒",把所有的因素集中起来。如果一个活动能够让学习者达到他所设定的目标,或是能够让他理解那些令他感到好奇的事件,那么这个活动就是有意义的。

一个教师的魅力、表演天赋和幽默也许能使他的表述具有吸引力,这些特点是必要的,但光有这些是不够的。他必须知道怎样使自己的话最具说服力。能对不同个体产生影响的论据各不相同,教师要对自己的论据精心考量。

学习者也必须对这些不同参数进行调节。人们既会忘记没用处的东西,也会忘记太具冲击性的东西——它破坏了我们原有的平衡(例如当一个人获知自己患上无法治愈的疾病时),它会产生一种太过强烈的不协调感,让人们放弃一切知识获取。发生学习时,学习者原先所确信的事必然会受到干扰,如果干扰过强,就会使他崩溃。一切干扰都不能在学习者准备不足或缺少辅助的情况下进行。当学习者确信自己始终能得

---

① 参见第 14 章。

到辅助时,他会更容易接受认知干扰。

互动、系统、网络、调节、干扰是大脑动力学的关键词,也是学习的关键词。它们应与其他因素一起①,成为引发学习的因素。还需指出的是,我们要发展的是一种具有生态性的知识。一切稳定下来的知识,即使是其中最有效的那些,时间一长也都会变成教条,会导致一定程度上的心智僵化。然而,当下的形势充满了不确定性,知识必须能够不断进行自我调适,以应对各种似是而非的、不完整的、不明确的和不可预测的因素。知识的这种顽固性不是学习者身上所特有的,在研究者身上也可以看到同样的表现。知识的更新并不是因为新概念取得了战斗的胜利,而是因为旧概念的维护者陆续消逝。

---

① 参见第 13 章之后的内容。

7. 学习欲望

让孩子产生学习欲望,那么一切方法都会是好方法。

——卢梭

《爱弥儿》,1762 年

"没有动力就不会有学习!"这是人们的广泛共识,在教育界人士看来也是再明显不过的事实,人们还用一句谚语来佐证这句箴言:"不给不渴的驴喝水。"这样一来,所有人都满意了。支持新教学法的教育学家齐声高喊"动机,动机",或是"给学生动力,给学生动力"。对创新持怀疑态度的人会说:"有了学习兴趣,一切都不费吹灰之力。不需要什么教育科学、教学法、学习方法。"

在人们皆大欢喜之时却有一个小问题:这些口号一提出来,老师和家长都沉默不语且万分尴尬,因为它在实践层面几乎没什么用处可言。是啊,怎么才能让这些小家伙有学习的欲望呢? 怎么才能让他们开窍,对知识产生兴趣呢? 特别是,怎么对付那些不能被任何东西打动的孩子呢? 十年前,大家就在谈论这凡事都无所谓的一代,这种状况随着经济危机和新的排斥形式的出现而更加严重,越来越多的年轻人不愿意学习。

很多学校里的老师没了办法①,只会在成绩单上这样评价学生:"学习没动力,非常不用功","学习不主动,成绩差","没有学习的愿望","没有任何规划"。由于没有接受过培训,一些教师仍然认为他们所教授的科目本身是足够有吸引力的。

超越"胡萝卜"和"大棒"

绝望于事无补。幸运的是,今天我们有了进步的可能,可以超越"胡萝卜"和"大

---

① 不过这并不是因为缺乏这方面的研究,每年都会有超过 1 200 项关于动机的研究。

棒"这两个人们能想到的普适方法。像本书涉及的许多方面一样,我们必须否定一些头脑中根深蒂固的自命真理。我们从最重要的开始,不清楚这一点可能会滋生出无数的幻象。我们首先要纠正所有家长和老师都经常会有的一种教育观念,即一定可以找到一种简单的、具有决定性的、完整的、有效的教学方法,在任何时候对任何人都适用(就像按一下开关便可以打开灯一样)。

游戏和活动当然可以一上来就激发儿童的兴趣,同样,目标对于所有青少年和成人来说也总是能带来动力,但成果从来不是自动获得的,单凭一些手段,不一定能产生什么效果,即使有效果,也并非在任何条件下都适用。这些手段需要非常具体的特定条件才能激发学习者的兴趣,而且还需要一个活动接着一个活动,一个目标接着一个目标。

动机和它在学习中发挥作用的机制并不简单。对知识的欲望是通过一个多样态的过程产生的,它是一连串因素的综合,包含了生物学、心理学和文化等各个方面的动因。对知识的欲望又会引发新的过程,特别是它会深植在个人历史之中。因此,我们对其所作的阐释不可能简单,但我们也不会夸大困难。

人的动机可以很容易地被激发。一个简单的词、一个短句有时就足以引发人的兴趣,这有时是好事,有时却是坏事。有多少法国人、德国人、日本人加入军队参加战争,就是因为几句让他们"茅塞顿开"的话?这些话呼应了一种当下需求、潜在利益或是个人坚持的价值观,有时甚至不需要激起人们的动机就能引发行为。

动机可能事先存在,一触即发。对此,人们只需了解这一动机或是让它呈现出来,没有必要浪费时间去激发个体对某些主题的兴趣。恐龙、火山、宇宙、星系、史前人类,这些话题一下子就能引起人们的好奇心,了解的欲望先于情境存在。这种动机或是与我们的某些神话、幻想、恐惧相呼应,或是呼应了人类最为关心的问题之一——"为什么这里会有某种东西存在?"

激发动机 = 不可能完成的任务

激发学生的动机可能是一个不可能完成的任务,教师就算用了一整套吸引学生的手段(幽默、魅力、噱头、情节设置、新技术)也无济于事,就像人们说的:"蛋黄酱没做成。"有某种东西形成了阻碍:情境、说话者的行为、学习者心中知识的图景、和同班同学的关系等。

这是在今天的学校经常出现的状况。对越来越多的青少年而言,学校成了无聊、无用的近义词,因为从学校毕业后无法马上着手工作。学校让人提不起兴趣并不是近期才出现的情况。研究者和教育学家已经就这个问题进行了长期的激烈争论。对这些争论稍加了解,可以帮助我们更快地梳理出对学生的动机产生积极影响或消极影响的大部分因素。

行为主义①的领军人物斯金纳认为,学习者如果经常遭遇失败就会失去动力,比如精神和肉体惩罚以及鼓励的缺乏就会让人产生"失败"体验。在他看来,一切相对来说还是比较简单的。给予一些外部刺激,如活动、奖励和鼓励,就能激发起难以抑制的学习欲望,调动针对这项学习的能量。教学就是辨别这些激发因素的艺术,接下来则要进行巩固,延长效果。

在20世纪60年代,哲学家卡尔·罗杰斯和人文主义教育学家提出,动机的真正来源是人的内在需求。这一流派认为,求知欲来自个体对自我发展的需求。比利时医生兼教育学家德克罗利认为,学习是人的需求之一。在他看来,教师应该鼓励或引导每个学习者激发自己特有的先天需求或后天习得的需求。比如,可以利用儿童的防卫需求,和儿童一起列举危险的动物、有毒的植物,列出防卫手段(踢打、叫喊、进攻等)或保护手段(鳞片、角、牙),激发儿童深入了解这些生物的欲望。

建构主义②的成功让这场争论一时间销声匿迹。动机被认为存在于学生及其所处环境的互动关系中。动机来源于个体的感知和期待。教学干预的可能性一下子得到了拓展。教师可以利用学生的内在需求,以及学生在教学情境中产生的兴趣、愿望和期待,还可以采取一些"外在说服手段",可以是口头的、书面的或者其他媒介的。对于幼儿的学习来说,游戏和活动占有重要地位。

然而在日常实践中,没有任何事是自然而然发生的。动机不可能像菜谱那样被分解,其构成需要精心组织。最重要的是要引发个体的兴趣,这种兴趣能带来一种力量,促使他自我超越。那些会对动机产生抑制作用的因素也大多表现在这个方面。例如,外在强化很少能直接导致动机的产生,虽然这种方法在很多儿童博物馆经常被使用,但它只能引发一种很肤浅的兴趣。同样,著名的"胡萝卜与大棒"产生的效果也是极为短暂的。图片展示、亲身体验和交互活动会使儿童产生兴趣,但如果没有更深层的兴

---

① 参见第2章关于行为主义的内容。
② 参见第2章关于建构主义的内容。

趣产生,这些兴趣仍然作用有限,甚至可能是无效的。

老鼠的动机

早在 20 世纪 40 年代,在耶鲁大学任教的动物行为学家克拉克·赫尔就已经注意到,要让老鼠学会走迷宫,仅提供食物刺激是不够的,这种食物刺激必须被当作一种奖励。就老鼠而言,它必须有饥饿感。完成迷宫的穿越是某种需求(摆脱饥饿)和对这种需求的回应(食物刺激)结合在一起的结果。如果老鼠不怎么饿,食物就失去了它的价值。赫尔提出了下面这条科学定律:

$$学习 = 动机 \times 习惯$$

我们可以把这个公式修改为:

$$动机 = 需求 \times 价值$$

实际上,动机永远是个体的内在状态和环境的多重因素彼此互动的结果,至少大致如此。一种新的内在状态是学习的发动机,必须建立这种发动机,以便启动一整套动力机制。这就是困难之所在。

因此,在没有特定境脉的情况下,动机就是推动个体去学习的内在机制的总和。它可以被比作一种力量、一种冲动或一种张力,使某一行动得以启动,指引学习者进入可以让他满意的情境。同时,动机维持着将一个计划进行到底所必需的精力。它让学习者始终保持专注,思维清醒,即使在遇到认知困难时也是如此。

没有了环境,动机便全无用处,它是对环境的一种回应。因此,对于人来说,动机这个问题很快就会变得很复杂。动机不仅仅取决于即刻的需求。个体会有自己的兴趣、愿望,甚至是对某些事物的热爱,它们会促进或阻碍动机的产生。一切都发生在学习者的需求、兴趣、欲望、期待、渴望(依情况而定)和能够满足这一切的情境所具有的特性的彼此呼应之中。

动机,一种冲动

在这种新的思考模式下,一切都变得清晰起来,或者说基本清晰起来。在学习者这方面,动机的产生最初取决于他的需求。否认动机的生物性是十分荒谬的。人类是动物的一种,哺乳动物和鸟类天生就表现出动机(虽然程度不同),在青少年身上(特别是通过观察他们的游戏)也可以看到动机。

同样,婴儿一出生就具有激励自己进行学习的潜能。通过观察他最初的行为可以看到一种活力。他对新行为的掌握是出于多种多样的需求。最开始的时候,一些需求是由基因决定的,如生理需求——饥饿、口渴、睡眠、性需求等。不过和社会性昆虫相反,这些仅由基因设置的行为在新生儿身上很快就会消失。婴儿的早期学习会让这些行为发生巨大变化,甚至是根本性的改变。就人类而言,节日聚餐时的饮食活动和饥饿几乎毫无关联。其他的基本需求可以被分成这么几类:安全需求、自我实现的需求、增长能力的需求、尊重需求、归属需求等。

所有这些都是推动人们在不同方面进行学习的强大动机的源头。反过来,当新的学习形成太大干扰时,这些需求又会成为限制性因素。在初级阶段,我们可以把学习活动比作一种控制饥饿和口渴的机制。人们不是会说"如饥似渴地学习"吗?一种缺失造就一种需求,这种需求会寻求满足。需要获得满足时会相应地形成一种饱足感,它使人感到愉悦。

比喻到此为止。在文化的作用下,各种因素错综复杂地交织在一起,并非只存在一种负面的反作用,即限制、阻止动因的作用,而是存在多种积极的反作用。

学习欲望的存在会促使更强烈的学习欲望产生。[1] 这种关系的建立对于个人而言是有益的(至少在一定程度内),对于他人则具有传染性。同时,不同的需求可能会相互作用,使这种现象进一步扩大,或是对它产生限制、加以抵消。如果家庭或学校损害了一个正在进行探索的学生的自尊需求,他就会失去动机。外在事件会根据它们的不同强度和频率发挥激励或阻滞的作用。环境影响,包括家庭影响和社会影响,会在各个层面发挥作用。

在这里,我们可以看到先天和后天之间错综复杂的关系,神经生物学家皮埃尔·热松称之为"蛋糕策略":一开始的原料在最后的蛋糕里已经认不出来了。正是在这个生物性层面上,兴趣、欲望、热情在与环境的互动中产生。个体会对自己的状态和行事进行规划,这些规划又将指导他的行为。

一切规划对于个人而言都具有一种情感价值,个人会自愿地亲身投入进去。这种投入的强度维持着动机,因为在投入之后就会进行调查研究和预测,它们会建立起一

[1] 这种现象并不是学习所特有的。喝水的欲望会让人越来越想喝水,直到不再口渴。

种动力机制,强化最初的动机。制定的目标和实现目标的条件之间始终存在着对峙,它促进了个体的自主性和创造性,而最初的动机也会进一步被加强。当个人规划被纳入一项集体规划或群体事业时,与他人的互动也会进一步加强这种动机。

个体所期待的技术产品或艺术产品的完成是另一个促进动机的因素。此外,对自我的感知,如信心和能力,也影响着学习者的动机。一个人对自己的看法非常重要,他认为自己有什么能力比他真正拥有什么能力更加重要。我们经常会看到,在一个班级里,对自己的能力抱有正面评价的学生更有动力,使用的学习策略也更为精心,对于每一门课,他们都努力梳理知识结构,试图将这些部分与他们已经学习的内容建立联系。相反,那些对自己的能力有怀疑的学生则只满足于死记硬背。

同样,个体对学习情境的感知也具有决定性。教学活动的重要性、价值和益处,或者学习者按照自己设定的规划对教学活动所持有的看法,多少会对其产生推动作用。当学习者认为要学习的知识有用时,他就会更加投入。此外,他对学习活动的经过和结果的掌控程度——他自以为的掌控程度——也会发挥作用。他在选择学习内容时的自治感和对学习过程的控制会促进他的动机。反过来,他所受到的制约则会大大打击他的动机。

概括而言,一个有动力的学生会表现出明确的行动愿望。他能感受到某项活动对完成他的计划具有怎样的价值和重要性。他觉得自己有能力完成所要求的活动,有能力达到所期待的要求。在这个过程中,他觉得自己可以控制整个事件的发展。相反,一个没有动力的学生会感觉自己受到阻碍,没法将活动进行到底。他看不到情境的价值,不知道老师提供的那些东西可以做什么。于是他求助于回避策略,换句话说,他"竭尽所能地什么都不做"。他可以花好几个小时"假装在学习",好让自己"心安理得"。比如,他会漫不经心地重看一遍课文,机械地重复书上的定义。什么事都可以成为他去做别的事的借口——和同学聊天,在班里走来走去,让老师再说一遍,找自己的东西——以此争取时间。

任务的成功作为动机的成果,将成为动机的又一个来源。这是经典的反哺现象。成功会影响学生对于自身能力的认知,他会更加重视取得成功的那项活动,对自己更有信心,认为可以更好地控制自己遇到的各种活动和计划的实施。这种状态会因一种愉快的感受(即乐趣)而得到保持,它会进一步加强动机。同时,动机使学习者赋予他所学习的东西以意义,这种意义又会反过来加强动机。

失败会使人更容易失去动机,至少严重的、反复的、看不到前景的失败会导致这种后果，但并不是所有失败、所有错误都会让人失去动机。当一个人用积极的眼光看待错误，并能站在足够远处审视这一错误时，他的反思会让他重新充满活力。

动机机制

怎样把学生带入学习状态呢？老师高高在上地站在讲台前，一本正经地给学生上课，一直坐着听这种课不会让学生产生什么学习动机。就算是最吸引人的主题，一旦被一种预设程序搅得粉碎，也就不会再有什么价值了。学习任务已经被咀嚼和预先消化，没有任何风险，老师按照自己所认为的从简单到复杂的顺序组织各种概念，这一切不会在学生身上建立起任何动力机制。可是这种教学实践却随着时间流逝而成为一种常态。

在学习音乐时，我们往往会让学生先进行视唱练耳练习；还没有研究半导体收音机，学生就先接触到了电路；在学生还没有对细胞运作和人体生理学感兴趣之时，就已经学了一套脱离语境的生物化学（有机分子的生物化学）课程。因此，这些课程是不考虑学习者的需求和即时兴趣的。

通过这种方法，教师似乎在学生提问前就作出了回答。这种情形并非只存在于学校。[1] 博物馆和一些教育机构也有这样的传统，直接导致学习者失去学习动机。也许正是出于这个原因，科学博物馆直到现在都没发挥什么影响，电视上的大型科教节目也很少见。

深入了解了学生没有学习动机的原因和后果之后，我们会想知道，是不是可以对动机机制施加影响呢？当然，这事没有那么简单，不过我们还是有几个方向可循。大概可以肯定的是，要使学生产生学习动机，一项活动必须具有好几种特征，它必须根据情况，将学生的需求、兴趣和愿望考虑在内，也就是我们所说的对状态和行事的规划。

不过，老师的角色并不停留在满足学生的需求和即时愿望层面。[2] 每一次他都必须提出与学生对立的教学计划。但他不应不作铺垫地提出一种知识，而要先尽力让学生感受到关联，让学生意识到"这有什么用"，至少是"这可能有什么用"。

---

[1] 不过日本和俄罗斯的教育体系有所不同。虽然它们比西方教育体系更加教条，但却不那么让学生厌恶。原因很简单，那里依旧尊师重道。在我们的社会，情况已经不再是这样了，老师的威信大不如前，而"毕业即失业"的现状使学校甚至失去了自身存在的意义。
[2] 教师可以让学生表达自己的想法，从这些想法出发对学生提出质疑。

让我们举一个常让学生厌恶的主题作为例子:草履虫的生理特性。如果老师能把这种原生动物的生命与学生个人的生命联系起来,学生就会产生学习动机。"只有我会对这事感兴趣!"学生会这么想。人是怎么活下来的? 我的细胞是怎么生存的? 我的身体要调动 60 万亿细胞来进行运转,草履虫这样的单细胞生物怎么完成各项功能? 自由细胞构成的生命和互有联系的细胞构成的生命有何不同呢?

把解释引向自我("我是谁","我从哪儿来","我在哪儿")或重大问题,就能让学生产生动机。我们在布置卢森堡国家自然历史博物馆的展厅时就是这么做的。那种把知识分为动物、植物、地质的习惯做法无法再引起参观者的兴趣。我们的规划是从参观者出发,从他们的一些疑问出发。

我们计划通过互动手段、游戏、出乎意料的元素,让参观者先进入一个发问的阶段,并且不直接提供给他们答案。还有其他一些方法能够以个人的身份需求、自我认同需求或是对完整解释的寻找为基础。对于那些令人厌恶的主题,例如数学课上的函数、导数、指数函数,如果老师能让学生进入这些函数的创造者的内心世界,进入创造这些函数的背景时空,进入学者们所提出的问题,那么这些知识就能够更好地得到"传递"。

重要的是,学习者在接触一项知识之前要感到一种"空虚"、一种"匮乏",或是一种不足,并产生一种要填满它的需求。要让学生对大脑的运转感兴趣,教师可以先让学生感受到他们对自己和自身能力没有足够的控制力。学生不知道是什么在大脑里发挥作用,他的知识不足以解释大脑是如何运作的。因此,"他错过了一些东西"。产生兴趣之后,对大脑的了解就不再是一些诸如神经元、神经递质之类概念的堆积了。对于学生而言,这成为达成他的愿望、实现他的计划的必经过程。对于一些处境困难的成年人,他们对各种事物的无力感(对工作、家庭、性生活等)是一个契机,让他们意识到自己对大脑潜能的无知,而掌握这些事物所涉及的大脑机制对于他们来说则成了一种"获益"。

另一种让学习者和知识产生联系的方法是让个人的想法同客体、经验或其他学习者的先有概念进行直接对质。作为植物的特殊营养机制,光合作用不是一个会让学生感兴趣的主题,但它是地球食物链的源头,学生和大众至少要知道它是怎么回事。

要让学习者对这个问题产生兴趣,我们可以让每个人列出人的生存所需:能量、氧气、食物。然后我们追溯这三个因素的源头。这样一来,学习者对植物和光合作用就会有新的理解。接下来我们可以组织一些小型观察,触及与学习者的先有概念相联系的经验。长期被放置在黑暗里的植物会怎样？"它会死。"放在阴影里的植物会怎样？"它的茎会寻找光线。"光线有什么用？……这样一来，一种动力机制就被调动起来了，而且教师还应把它维持下去。教师在培训中受到动机理念的狂轰滥炸，现在他们都想在课程一开始就创造一种引发学生好奇心和求知欲的课堂情境。

然而，这种做法后劲不足，因为孩子刚被吸引住，传统的教学方式又会打击他的积极性。老师有个借口：这是教学计划规定的！这种冲击是毁灭性的，甚至比传统教学法更具破坏力。没有比这样的方式更能让学生泄气的了。在报刊业经常会出现这样的情况：题目很吸引人，因为记者总会设置一个诱饵，但读着读着，文章就变得乏味起来。读者不会一而再再而三地上当。动机应该是可持续的，动机越是加强，学习者从事活动的愿望就越强烈，并且会持续存在。

一旦学生的注意力被吸引，老师就应让其投入到一项活动中，最好是能让他投入到一项具有持续性的规划实施过程中。这项规划可以用"挑战"（完成某件事情，掌握某项才能）的形式出现，最终形成一项"成果"。这种实践已经开始普及，特别是在技术方面，其形式是让一组学生去完成一件产品的制作，例如：给他们一份特殊的操作说明，让他们制作一个机器人、一辆太阳能汽车，或者像魁北克的学校那样，让学生制造一台"让人吃惊"但没什么实际用处的机器，这个机器能把鸡蛋扔到十米之外却不使它破碎。

还有其他一些因素构成动机，但我们无法在这里一一列举，只能稍举几个例子。如果教学情境能够展现出不同寻常的新颖之处，提供给学习者选择的机会，引出问题而不是立刻给出答案，让个体能够确立要实现的目标，那么它就更能激发学习者的动机。

一个要参加运动比赛的学习者会有提高成绩的紧迫感。他会督促自己进行肌肉练习、提高速度、改善起跑，还会采取相应的训练和饮食保健等措施。教师的能力水平和个性特点也会对学习者的动机产生影响。一个非常热爱教学的老师会让学生产生自我超越的愿望，学生会对老师另眼相看，老师在言语中注入的热情会具有传染性。

没有动机的学生

对待那些丝毫没有学习动机的学生，还需要考虑另外几个方面。一些老师会无意识地回避这类学生。他们很少与这些学生接触，让他们坐在教室最后面，很少向他们提问，更不要说鼓励他们了。然而我们不能再这样坐视不理，学习困难的青少年已经越来越多。

老师的这种态度使这些青少年陷入了恶性循环。他们得不到老师的支持，学习成绩变差，进而对学习提不起兴趣，这又佐证了老师的观点："他们无可救药。"这种说法谬之大矣。这些没有学习动机的学生有时会让人生厌，但实际上他们身陷困境，一点小小的激励就可以在一段时间内让情况发生根本改变。教育工作者可以试着给予他们和其他学生同样多的关注，甚至更多的关注。我的一位老师就曾让班上的后进生——我也是其中一员——坐在第一排，坐在他的眼皮子底下。

此外，老师还要避免在班级同学面前斥责他们或表达怜悯，同时应表现出教他们的热情，表达对他们能力的信任。通过让这类学生在科学俱乐部中完成一些需要担负责任的管理任务，或是让他们在一些课程的附属活动中获得自我表达的机会，我们已经多次让他们重新燃起对学习的热情。这些学生可以画画、制作图片报告或视频报告，老师可以在课堂上加以表扬。一旦学生表现出学习动机的前兆，老师还可以进行夸大性的表扬。

有心的老师和家长可能已经发现，正面强化永远是上策。责备、训斥会造成紧张，往往会让学生变得自暴自弃。① 让一个人相信他"可以"，至少是具有某些能力，那么他就会进步，或者很快就会进步。这里面还需要掌握某种平衡，积极教育法和放任自流之间只有一步之遥，但绝不能逾越。

名为动机的网络

总而言之，作为学习发动机的动机绝不是那么简单就能理解的，要激发动机则更加困难。日常语言和相关词汇都不能说明任何问题，人们使用的所有词语都已经有了很强的特指意义，或是有两三层意义。人们会使用好奇心、兴趣、欲望、愿望、理由、意志、计划、目标等词语，这些词语的内涵相去甚远，这说明要界定这种潜力困难重重。一些人指的是先天生物学因素，如本能、需求等；另一些人表达的则是人类特征最明显

---

① 一些教育工作者，特别是运动方面的，想要通过一些负面指令来激励学生，如"你们真没用"，"队伍里没有你的位子"。这些行为在特定情境下会产生效果，让已经具有动机并需要瞬间爆发的个体实现自我超越。这些运动员对自己的能力有一种直觉性的了解，一般来说，这些论断在他们看来只是暂时性的，而且说这些话的人也是这样认为的。

的需求,即文化产物。人们用计划、意志、意图等词尽可能地描述每个人的自由意志。

然而,真正的障碍并不在此,而在教育工作者和家长的头脑中,他们总想找到一种灵丹妙药。一旦改变这种观念,问题就大体明朗了。我们不应把动机看作一种不可触摸、铁板一块的能力,不应以为仅通过一种类型的干预就可以促进动机的生成,其实许多因素都参与其中,我们要对它们加以利用,其中一些因素是个人性的,另一些则属于学习情境。

在教育情境中,动机只是一个具有社会广度的广阔领域的一个方面,学习计划正是以这一领域为背景的。父母和朋友通过对学业和学校的期待、鼓励、奖励(比如零用钱)、限制和陪伴,也能像老师一样发挥作用。根据不同的情况,这些因素可能会起促进作用,也可能会起抑制作用。①

在所有这些因素的互动和反作用之间,通向动机的道路显得难以捉摸。② 不过,对于一个让人生厌的主题,一位演说者可以通过某种修辞、某种魅力和激情在听众中引发动机。事实上,这种修辞、魅力和激情呼应了听众所期待的某种东西。我的朋友米歇尔·冈萨雷斯是法国国家广播电台的记者,他温暖的嗓音、娓娓道来的叙述以及对民众当前最为关切的问题有理有据的论证,让他的听众为之着迷,虽然有时他涉及的主题是让人生厌的,例如混沌理论、变分法、不确定性原理。

还要指出的是,构成动机的不同参量并不是相互独立的,所有参量都在相互影响。例如,兴趣和欲望会因为不易消化的束缚或无用的束缚而减少,包括强迫、重复、感觉自己缺乏自主权,或感觉自己在学习中找不到下手之处。

奖励可以在短期内发挥作用,对于那些因年纪太小而无法进行长远规划的学习者也有作用,但奖励也可能造成恶性后果。对一个认为学习情境有趣的学习者而言,一上来就实行奖励会减弱他的动机,在成人教育中尤其如此。只有当学习者认为他应该得到某项奖励时,奖励才具有促进作用。一个人不能接受别人出于"好心"或"补偿"而给他的奖励。鼓励和持续给予中肯评价有利于动机的维持。困难也是把双刃剑,它可以构成一种吸引,一种自我挑战或由他人发起的挑战。

---

① 一些好学生会因为害怕批评而严格按照老师的要求去做。鼓励、对完成作业的表扬是促进学习困难的学生产生学习动机最有效的策略之一。

② 兴趣和关注的产生可能与一种遥远的美好记忆有关,如父亲的小胡子、带来安全感的和蔼声音等。个体所产生的激情完全与涉及的主题无关,但却会成为一个吸引点,让人进入学习过程,这种激情如果得到维持,就会一步步地激励个体继续学习。

一项计划要有吸引力，具备一定的难度甚至是其不可或缺的特点。容易取得的成功几乎没什么价值。需要付出一定时间、一定努力进行自我超越才能实现的计划会激发个体的动机，同时还会让个体在自己和他人眼中的价值得到提升。不过一旦超过了一定的难度，个体的动机就会减弱，并可能产生无能感，当要求太高时，就会出现气馁。特别是当老师让学生完成的练习或提出的要求与学生的能力相差太远时，这种超负荷会导致自暴自弃："我没用"，或者"我永远都做不来"。①

恰到好处地打动学生是一门"艺术"。正面强化同儿童的发展以及他们赋予"事物"的价值相关联。儿童需要即时奖励，而一些成年人可以接受延迟很久的满足。父母一方或双方的缺失和老师的漠不关心会严重打击学生的动机，父母和老师过多的干预也会产生相同效果。太多的意见有害无益。家长、老师一直站在孩子背后激励他、鼓励他会造成阻滞，这种阻滞往往是非常严重的。同样，太过宠爱孩子也会减弱动机。我们必须找到具有足够激励性的情境让学生投入学习过程，但又不能刺激过度，反而让学生不愿意学习。

教学挑战

教学的挑战在于永远不能把一项计划强加在学习者身上，而是要引导他们自觉加入。接下来，还要让学习者开发或选取一种学习方法，也就是说，要设置一系列情境以促进学习者能力的发展。最后，要使学习完满，还需要有学习结果。不过学习过程很少是自发的。它在很大程度上取决于教师，但是以间接的方式。在学习过程中，学习者必须感受到自身能力的积极变化，或者觉得自己能够胜任老师布置的任务，否则他很快就会气馁。意识到自己的发展变化，是引发学习者动力最可靠、最有效的方法。

不要忘记，只有长时间的持续动机才能让一个人成为某个领域的专家，获得很高的能力水平。一个人至少需要十年的努力才能胜任某项研究，需要一万小时的练习才能成为音乐家。

实际上，这些构成动机的不同因素相互间会进行调节，我们需要将它们调整到最佳状态。"更多"并不是"更好"的近义词，任何干预的有效性都有一个最大值，一旦超

---

① 还好人们为了维护自尊，会把这些失败归结于外因，但也有人会更加放任自流，认为："我尽了全力，但老师太差劲了！"赞赏教育法可以重启学生的动机，可以赞赏学生在其他学科上取得的成功。人们太过重视数学成绩，把数学成绩好看作学习好的标志。

过这个最大值,就会出现反效果。不回答学生问题会让学生失去动机,过多地回答也会产生同样的后果。学习者太过紧张会导致自暴自弃,但一点点紧张则能把学习者的积极性调动起来,甚至能让他超越自我。当一个人了解自己的能力、掌握个人策略时,紧张的促进作用会更大,我们经常会在体育比赛和文艺演出中看到这样的情况。

通过这些调整,动机会产生一种反作用机制。当提供的知识适用于实现某种需求、愿望或计划时,个体就会学习。他必须理解这项学习的用处和价值。我的助手埃尔韦·普拉托对一个艰深的科目感兴趣——粒子物理,因为他对歌德的《浮士德》印象深刻,特别是浮士德发现的"把世界联系在一起的最深层的东西"。

汇集在动机这个一般术语下的所有这些特征和许多其他特征一起,调出了一杯不协调的鸡尾酒,但这不会使我们对其望而却步。没有人会因为一杯鸡尾酒、一道菜不能一下就调好、做好而感到不快。为什么我们会感到对求知欲无能为力呢?对于像学习这样精密的事情,我们不应对其复杂性感到害怕。我们已经说过,也还会继续强调:教师和家长是非常难的职业!只有那些不用绝对的眼光看待事情的人,才有在今天获得一线成功的希望。必须经常采用"折中方案"才能获得理想的平衡。

不过,这种最佳状态并不意味着没有原则的妥协。我们应记住的是,要完成一项学习任务,我们必须能够想象出要做什么,要获得的是什么样的技能,或至少要对这个过程有一个整体概念。所有有利于这些方面的因素都会巩固这一动力机制。

最后,我们还要摆脱一种幻想。不要以为平衡是永恒的,它实际上是一种不断被修正的失衡。对老师而言,犯错比坚持某条形而上学的路线要强,只要他能在犯错之后作自我分析。曾经有用、有效的东西在另一个时刻可能变得无用或具有破坏性,一切都在于对量的把握。对各种机制的理解和对自己所掌握的各种资源的理解,可以让教师更好地引导学生。

8. 学习,一种意义炼制活动

事实是,人在打铁中成为铁匠,在写作中学会写作。

——塞莱斯坦·弗雷内
《现代法国学校》,1954 年

您也许看过或者听说过《上帝也疯狂》这部电影,这部饶有趣味的电影中的故事发生在一个布须曼人部落,他们得到了一个从飞机上坠落的空可乐瓶,不知道该拿它怎么办。尽管这样说老师们会不高兴,但这样可笑的"剧情"在很多课堂上都曾上演——学生们完全不明白发生了什么事,课堂上教授的某些内容似乎和他们毫无关系,但实际上并非如此。

这并不是说我们要停留在学生已有的水平上,学校必须推行与教学进度有关的计划,但在学校里是没有"收视率调查"这种东西的,因此,我们有必要提出这些问题:在什么样的条件下,思维会发展、进步? 在什么样的条件下,学生会认同学校关于对他们的智力发展具有重要作用的知识的选择?

我们一直强调意向在学习的动力机制中的重要性,它是一个必不可少的出发点,但即使有了意向,知识的更新也可能还是无法进行。只激发学生的意向,不足以让学生哪怕只是稍稍炼制一下知识。很遗憾,事实就是如此。学习者只有在为学习制造出一层意义时才能占有知识。

我们要再次重复的是,这层意义以及知识从来不是个体一下子就能直接获得的,我们还要重复的是,它也不可能是别人给予的。学习情境必须"陪伴"学习者,让他对此有所意识。学习的境脉是知识炼制的一个核心因素[1],它是知识炼制的基础,知识的重要性是以境脉为参照的。一种知识就是人们发明出来的一个"东西",用来解释一

---

[1] 参见第 14 章。

种情境,即赋予情境以意义。

例如,一种概念只有在某些条件下才具备有效性,脱离了这些条件,这个概念就不再有任何价值,或是具有了其他意义。"力"这个词就非常典型。在日常生活中,我们会说"我有力气"、"我力气大",这和物理学中使用的"力"有点接近,但在物理学中,"力"的意义是有所限定的:力是"使一个物体的形状以及运动状态、方向和速度发生改变的原因"。随着"电磁力"和所谓的"强力"、"弱力"的出现,这个概念的意义又进一步变化(以至于粒子专家们倾向于使用"相互作用"的说法)。在工程技术方面,力(墙壁的力或杠杆的力)意味着抗力。在生物学("肌肉力量")、心理学("性格力量")、经济学("经济社会力量")中,它的意义又有所不同,更不要说"秩序力量"、"空中力量"、"事物力量"、"年龄力量"这些说法了。

因此,根据所涉及的问题和使用的思维模式,同一个词(如上例中的"力")所传达的意思是不同的。为什么我们会倾向于其中的某一种?因为它在某个特定时刻可以用来处理一种具体的境脉。任何概念都是如此。根据所面临的问题或与自身有关的因素,人们会给予"健康"这一概念某种特定的含义:对于普通人而言,健康就是"没有疾病";对于世界卫生组织而言,健康是"一种身心舒适的状态";对于另一部分人而言,健康则是"对世界的适应"。

教学的艺术就在于与学生分享对于某项知识的兴趣,引导学生进入这个知识领域。遗憾的是,这并不是一件轻而易举的事。有了动机,90%的工作就完成了,但实际上,已完成的这 90% 只是前期工作,剩下的是最棘手的部分,即与学习者分享知识的含义。

实践操作

由于通过授受来传递意义存在困难,人们一般会鼓励实践操作。这是所有希望教学状况能发生改变的外行人都会采取的最显而易见的方法。最近的一个例子再次证明了这一点。乔治·夏帕克这位不吝分享的诺贝尔物理学奖获得者建议,要解决一切科学教育方面的问题,就要让孩子"亲自动手"。这个想法来自他和另一位诺贝尔奖获得者——物理学家利昂·莱德曼的会面,后者在美国芝加哥对这一方法进行了实验。

百年来,这一方法成了所有所谓"能动"教学实践的基础。蒙田、卢梭都被看作这种"动手"行为的倡导者。① 在《一个孤独漫步者的遐想》的作者卢梭看来,老师应该不断地向学生提供能够激发他们兴趣、好奇心、思考甚至能让他们激动的活动。在 18 世纪,康德把这一原则树立为"人类理解力的基础"之一。一个半世纪后,心理学家克拉帕莱德、皮亚杰和瓦龙借助实验证明,儿童能够在行动中获得动力以进行学习。

这种现象从婴幼儿时期就开始出现,有时会持续一生。按照瑞士心理学家皮亚杰的说法,学习是一连串"内化的行动"。行动能有力地刺激学习者的兴趣,将他置于一种情境之中,让他产生那种执行任务的愿望。美国哲学家和心理学家杜威在 1912 年振奋人心地总结道:"在做中学!"他强调学生的自发性和"欲望"冲动。由此,"通过行动来学习"成了各种新教育运动钟爱的口号。佛勒内把"实验探索"作为他的教育法的三个核心原则之一,他写道:"(学生)只有通过练习才能学习(……),你不让他自己去冒险,他永远也学不会。"这些教育法给教育者许多启发,甚至在写作、语言、音乐等内容的学习上,这些观点都得到了提倡。尽管官方教学始终没有把这些做法考虑在内,但它们实际已经成为教育的"必需品",对于这一点,我们在此不再特别强调。

我们必须承认,仅以行动为基础的教育法往往是没有什么效果的。行动无疑是个必经阶段,但我们不能把它看作万灵药,哪怕是对于低幼儿童。这种方法很快就显现出它的局限。一方面,行动必须充分地境脉化(为了行动而行动甚至是有害的、让人气馁的);另一方面,行动必须和学习特有的其他形式(表达、倾听、交换)联结在一起,并且要经过对质阶段。

对成功学习的考察一再表明具体环境的重要性。没有亲身经验,学习只是纸上谈兵。谁只需要专注于机械和运动方面的实验性活动就能学会开车呢? 这些批评并没有什么新颖之处,长期以来的很多谚语都已揭示了这一点("打铁成铁匠","在墙角下成泥瓦匠",等等)。

大多数能动教育法假装不知道这一点,仿佛活动本身就是目的。然而,唯一重要的事在于引发个体的深层兴趣,把他推向根本性问题,而不是满足于维持一种只在活动期间占据其思维的浅层兴趣。不过要做到这一点十分困难,因为在工业社会,儿童的生活被保护起来,他们不像成人那样有行动的必要性。当一个孩子必须给同班同学写信时,这项练习对他来说只是一份作业、一项没有社会价值的任务,他在此时还没有和别人交流某事的需求。

---

① 同时还应激发学生的激情和乐趣。实际上,幼儿是用所有的感官构建经验的。

因此,学校活动必须尽量接近真实情境及其所包含的危险。当然,我们还要对环境加以保护,尽量避免可能的失败。幸好好奇心和游戏可以成为一种强大的动力。因此,对于各个年龄层的学习者,我们都要寻找他们的深层兴趣,激励他们采取行动。在最开始,课堂活动必须成为自由调研的场所,以及能和物品、地点、生物生动接触的场所。儿童必须在这里表现出自己的能力,施展创造力。对于青少年和成年人而言,困难会成为研究的机遇,并不一定意味着无能、无力。

实践经验常常会产生更大的影响,促进对知识的占有和记忆。和他人的相遇、与具体问题的接触,会发展出一种有利的情感负担。两个人一起进行发现、炼制,会成为一种乐趣,或者相反,成为一种焦虑。一定程度的苦恼并不会消除学习的乐趣,它反而会对组织学习产生帮助。如果各类感受被限制在可控范围内,那么它们就会带来有利影响。

学习,就是自我发问

许多能动教学法还无视学习的目的。知道一个数学公式是没有价值的,除非人们能用它进行运算,或解决某个问题。一条物理定律也是如此,它只有在帮助人们作出某种预测的时候才是有价值的。学生往往从事了很多活动,从中提取了一些信息,却没有问过自己,这些知识在哪方面可以指导他的行为。

这一教学流派只重视兼具观察的操作。那种认为"只需看见就能学会"的想法是非常幼稚的。在大多数领域,不具备解码情境的智力工具的个体并不能直接感受到任何东西,他周遭的环境对他来说是一个大大的问号。实际上,我们的感觉只能让我们感受到眼前的环境。例如,当我们观察海平面的时候,并不会对地球的形状有直观感受,分子、原子、夸克更非肉眼可及。孤立的经验从来都不具有说服力,它只有依据学习者所采用的不同模式才能获得自身意义。

在另一些情况下,个体可以看见某些现象,但没有任何东西推动他发问。例如:下雨了,下雪了。为什么会下雨?为什么会下雪?下雪后,雪一碰到地面就融化了,但为什么落在汽车上却不融化?夏天很热,为什么冰川却没有融化?一个人可能看到这些现象,但仅此而已,没有任何学习被引发。只有当个体进入了提问步骤,他才会试图去理解。只有当学习者超越了仅仅记住观察结果的阶段("开始下雪的时候,落在汽车上的雪不融化,但落在地上的雪会融化",或者"夏天时冰川也不会融化")时,他才开始学习。

学习，就是和现实对质

人们是在体验（一个姿势）、检验（一个假设）、掂量（一个主意）中学习的。当然，光是听一听别人的经验或是把它们记在脑袋里，也就是积攒一些信息，是不足以算作学习的。要想像孩子们说的那样"真的会"写一篇像样的文章，而不仅仅是会写字，就要去"试验"自己的想法，提出自己的设想，然后再将这些设想与他人的解读进行对质。

在地理课、历史课上，要进行各种假设，对自己确信的事进行验证，才能真正学到知识。在科学课上，有时也必须让科学现象与现实对质，以对其加以验证。要理解惯性[1]，我们可以找一辆超市推车，把它推出去，让它停下，或是改变其方向。推车装得越满，操纵起来就越难（同样速度下，一辆 40 吨的卡车拥有的动能是一辆 1 吨汽车的40 倍，如果速度增加，动能也会相应增大）。学生还可以借此研究运动中的物体以及撞击现象。如果一辆 1 吨的汽车以每小时 30 公里的速度行驶，另一辆同等质量的汽车以每小时 120 公里的速度行驶，也就是 4 倍于前者的速度，那么它们之间的撞击强度将达到两辆 1 吨的汽车均以每小时 30 公里的速度行驶时撞击强度的 16 倍。第二辆车在撞击时会释放出 16 倍的动能。在运动中，动能是质量和速度平方的函数，但这一点和人们的直觉是相反的。很多开车的人都以为可以在踩刹车的瞬间将车停住，或者至少可以在很短的距离内将车刹住，但事实上，必须有一个强力来抵消汽车的动能。在刹车时，摩擦力把动能减少到零，动能转化为热能，刹车片会发热，温度上升，可能会发红，有时我们会看到一级方程式赛车的刹车片就是这样。刹车并不是瞬间完成的，需要有一个足够强的力让车辆停下来，这个力也与动能、质量和速度有关。

所有这些例子都暴露出能动教育法的局限性。要进入一种基本物理情境，并对其加以"思考"，类推、比较、符号化[2]和各种模型是必不可少的。

此外，我们还需要与现实进行对质，搞清楚一种模型以什么方式对我们"说话"，以及一个公式如何概括事情的后果。对一辆空车能起作用的力，在车装满时就不一定能起作用了。一定要注意车速！当一辆车的车速达到原先的 3 倍时，产生的动能就会达到原先的 9 倍。因此我们要注意车和障碍物的距离，这是预防事故的基本点。同样，

---

[1] 这里涉及的是汽车发动所需的能量或者让车停下需要"消耗掉"的能量。后面这个问题在交通事故中有关键作用。

[2] 列出公式就是符号化的一种形式。

人们觉得坐在汽车后座能受到保护，于是不系安全带，但如果汽车在时速达到 50 公里时发生碰撞，就会有一股一吨重的力将人抛向前方。

学习，就是与他人对质

贴近现实并不总是一件容易办到的事。在历史课或者经济课上，或许看一些资料就够了，只要它们能让差异、矛盾和要解决的冲突显现出来。其实，和他人进行对质可以让人进步。

从苏格拉底时期开始，两人合作学习就已经受到人们的推崇，但这里的"两人"指的是老师和学生。在 17 世纪，随着互助教学的出现，同辈学习和小组学习得到了重视。①"新教育"学家将双人学习和小组学习纳入他们的实践，并论证说，学习者在小组学习时取得的进步是不可能在独自学习时获得的。在历史课上，一个学生对于同一事件顶多只能提出一种解释，也就是他最赞同的解释，但如果是两人或多人一组，就会出现各种各样的想法，这些想法往往是相互对立的，个体的先有概念就会产生动摇。小组的动力机制会促进个体修正自己的想法和理解环境的方式。

学习，就是自我表达

给自己的观点"降温"，考虑不同的可能性，考虑与自己观点不同的其他方法，这些实践都要通过言语表达或书面表达进行。言语在幼儿认知发展中的作用是众所周知的，并且得到了人们的一再肯定。母亲（或父亲）与孩子的早期互动，不论是言语交流还是非言语交流，对于孩子的思维发展都发挥着关键性作用。玩伴之间的交谈有助于行动策略的发展，并有利于问题的解决。在学校里，话语和文字是学习者之间沟通的桥梁，也是考察自我意识的工具。大声说出自己的想法会让人对自己的想法产生新的认识；把这些想法写出来，会使它们更严密，组织得也更好。

表达迫使每个人去争辩，考虑与自己相反的意见，以共同炼制另一种解释。在对立局面下一起寻找适合某一问题的解决方法，使人们可以从整体上客观把握自己的先有概念，丰富自己的推理，重组自己的观点。在小组学习时，学习者之间不断进行的对

---

① 当时一个老师要同时负责两百个学生，班长和年长的学生负责教授年幼的学生。

话引导他们进行抽象化、概念化和模型化，符号①、图表、恰当的词汇表以及概念可以帮助他们概括这一切。

学习，就是论辩

要学习就必须能够论辩。我们把大部分时间都花在了自我说服和说服他人上，花在了表达自己的确信或怀疑上。论辩不仅仅是在课堂上写论述文时出现的一项活动。我们对政治演讲、情人间的争执、报刊上的读者来信以及朋友间的各种争论应该都有印象。

论辩就是在一个观点能说得通的时候维护它，一旦它失效就将之抛弃。它也指反驳与自己相反的观点，为不同意见安排一个位置。学习者所作的信息收集的努力以及所进行的调研，会让他的先有概念更精细，或移除某些先有概念。

一般来说，在最开始的时候，学习者只有一个论据（往往是一个肯定性论断）来支撑自己的主张。面对其他学生的反对意见，他通常会提出数个论据，并把它们联系起来，形成一张天衣无缝或者几乎天衣无缝的网。为了说服别人，学习者可以举例子，从过往经历中提取出一般观点，或是就个别例子进行总结。

叙述只需借助单纯由时间关系联系起来的一连串元素来进行，而论辩则要求构建更紧密的联系，它需要强调原因、后果以及让步和保留。在论辩时，如有可能，最好能稍作演示，以便用具体的、无可辩驳的方式来证明所提出的论据并非虚言。

对于提出的论据，重要的不是它们之间的连贯性，而是它们的可靠性和一致性。它们必须对反方概念形成包围，让反方无话可说，丢盔弃甲。在互动情境中，他人提出的论据和反论据有利于促进一种严密论证的建立。每个人都可以借助对方刚才说的话来反驳相反论据，指出其不足之处。

"协商"这种想法可能会让人吃惊，但它在学习中却占据着重要地位。反对意见是学习过程不可缺少的部分。学习者提出异议，证明了他对学习涉及的内容感兴趣。当知识和他所想的相抵触时，他有如此反应是很正常的。他的稳定被破坏，所以会进行抵抗。老师只需即刻问他为什么会有此异议，学习者就会自然而然地把自己的想法说出来。他首先会提出他认为最重要的论据，来具体阐述他的想法，而将这些论据表达

---

① 符号化在一开始很难，但之后它就能省略很多思考。有了它，学习者就可以进行推理，直接得出推论。

出来时,往往就会让他意识到自己观点的不可靠之处。[①]

一些物理定律(比如万有引力定律)当然没有什么协商的余地,但一个先有概念的改变,不论是得到强化,还是改弦易辙,都不是单纯由论辩时的话语造成的。个体必须参与进去,部分重构自己的解释图式。要让这种参与成为可能,他必须为自己创造一个协商空间。只有在个体——包括学习者——拥有拥护一种新观点的自由时,我们才能说服他。要让另一种世界表征或现象表征被接受,教师必须把他的论据建立在学习者认同的观点和价值观的基础之上。

学习,就是建立网络

论据是加固建筑物的房梁。[②] 它们之间必须相互联系、相互巩固。学习,就是改变信息组织水平。因此,要理解自己的身体如何运转,学生必须在不同系统(内分泌系统、呼吸系统、循环系统、泌尿系统等)之间以及这些系统和器官之间建立联系。吸入的氧气并非只停留在肺部,学生必须对氧气在人体里经历了什么有所设想,包括氧气是如何进入细胞以及如何排出的。这一方法对那种将人体分为一个个孤立部分的观点提出了质疑,后者使孩子们看不到这些部分之间的联系,老师在介绍人体时把器官一个个单独拿出来讲解就会导致这种状况。

在大多数情况下,学习者通过提出假设来建立这种联系,对非科学科目也是如此。从定义上说,假设就是一种创造,它将数个因素联系在一起,一方面将问题解释清楚,另一方面也引发对其他因素的探究。它带来一种动力机制,让学习者逐步将所有因素联系起来。

在教师看来,在各知识点之间建立联系对于学习来说是必不可少的,但我们的思维方式和学校组织都对此阳奉阴违。在当前的教育环境下,所有人都有严重的笛卡尔主义倾向。学生学到的是,要解决一个问题,就必须把它分解成一个个小部分,然后分别来处理。在学校,知识是按照学科来教授的,学科被分成课程或章节,章节被分成若干知识点,每个知识点都被分别处理。正如社会学家莫兰所言:"我们的思维方式让我们在事物被分解开来时看得很清楚,而在它们彼此联系起来的时候却变得很近视。"然

---

① 当有人提出反对意见时,学习者会在某些方面丰富自己的论证。
② 论据本身并不具有足够的说服力,它们要以某种方式组合起来才有说服力。太多的论据会对学习的进程形成"阻滞"。论据必须来得恰逢其时。在商场里,如果售货员过早地和顾客搭讪,顾客常会溜走。

而意义就是联系，新概念来自先有概念的组织，这个组织过程将最终导致新模式的炼制。

学习还是……

行动、表达、建立联系以及对质之间并非相互排斥的关系，而是相互补充的。我们不应把经验和抽象对立起来。抽象使人们从过往经历中提取精华，帮助人们建立结构或进行组织，并引发其他行动。图示、模型、平面图提供了看待世界的角度，帮助人们征服世界或唤起新的实践。不过所有这些因素并不总是足以引发学习的，还有其他障碍要排除。

9. 学习，一个解构过程

占有并非在抽象中产生，而是具体的工作行为引发了它，支持了它。

——热拉尔·芒代尔
《社会不是家庭》，1992 年

你可能会问：为什么要把事情搞得那么复杂呢？为什么不直接教那些"好"的知识？何必要费劲辨别学生调用了哪些先有概念呢？这种想法太过天真，因为教学不足以根除那些错误的观念。当一个学生说羊毛"会发热"时，这个幼稚的概念并不是一个孤立的想法，而是一种真正意义上的解释，甚至已经成为一种具备内在逻辑的模型。[①]在毛衣里放一支温度计，提示学生，羊毛像一个隔热层，和取暖器完全不是一回事，这样做是不够的。

不论是儿童还是成人，要让一个学习者掌握一项知识，就必须对他的先有概念进行真正的解构。比如一个人（或者一个物体）的"重量"、"下沉力"（但愿物理学家们能原谅我！），这些概念很难传达给普通人，这种困难不可避免地让大多数当代年轻人感受不到物理教学想要传播的经典力学的"用处"。对重力的日常体验（就像对功的体验一样）和专家给出的学术定义毫不相干。举例来说：假设你搬了 10 袋 50 公斤（在日常生活里没有人说"千克"）重的石膏上七楼，然后你又搬了 10 袋同样重量的石灰渣下来，物理专家会对你说："你做的功是零。"简直没法想象还有比这种说法和直觉相差更远的了。要是你的干劲特别大，还把其他袋子从七楼搬到了一楼，你做的功就是负的。这则轶事足以让我们理解，大家所讨论的不是同样的问题。[②]

---

① 参见第 1 章。
② 第 13 章将对这个问题进行补充说明。

我感兴趣的是你们的错误

除了个别例外,大多数学校教学都忽视了上述差距,因此,物理学带来的"文化"贡献几乎为零。关于重力,学生在课后只记住了要画一个箭头来体现这个概念。不过这个力的作用点(以前称为"重心",现在称为"惯性中心")应该放在人体的什么地方呢?有的学生认为这个力从肚脐出发,有的认为从鼻子出发,还有的认为从头顶出发(参见下图)。这并不是我们要指责的错误,它们只是一些"症状",反映了学生思维遇到的障碍。每个选择都能说明一定的问题:肚脐是个具有象征性的地方,通常被认为是人的中心;鼻子通常被认为是脸的中心;选择头顶则是因为有人认为重力来自"(大气中)压迫头脑的空气"①。对于物理学家来说,这些想法相当荒谬。同样,学生经常会把箭头的末端与地面连接。牛顿所坚信的超距作用严重脱离了人们的常识,学生对此是非常陌生的。这样那样的障碍阻碍了学生了解重力概念的真正定义。

图 5 青少年的"重力"概念

(来源:日内瓦大学科学认识论与教学实验室)

要取得进展,我们必须对空气的影响进行"解构"。纸上谈兵很容易,真的在讲台上施行则充满了障碍。多位教育学家和哲学家都致力于研究这一问题,其中包括加斯东·巴什拉,他认为必须摧毁(后来他改为"纠正")错误知识,"要克服在人的思维中形

---

① 还有一些学生更倾向于认为空气作用于肩膀。这是同一种观念的另一种表现,即人的重力来自空气的压力。

成障碍的东西",要"把大脑以及头脑中已有的东西反过来进行思考"。那么人们该如何具体实施呢?

根据巴什拉的思路,我们可以提出一种实验性论据。一个穿着潜水服、带着氧气瓶的人在一个真空环境中称重。只要用一台高精度秤[1],我们就会发现,在有空气或无空气的状态下,同一个人的体重并没有太大变化。由此推导出结论:空气并没有发挥作用。

然而,这种实验并不足以改变学生的先有概念。最好的情况是,个体意识到自己的推理中隐藏了一个缺陷,便再往里面加入一个假设,从而使其不必放弃自己的推理。最坏的情况是,个体根本听不进反对意见。科学史上这样的例子数不胜数,著名科学史专家玛丽利娜·康托尔用自然发生说的例子证实了这一点:巴斯德听不进普歇的反对意见,不去做他的对手提出的实验,两人的参照框架和论辩模式都不相同。

即使学者们能相互倾听对方的意见(这有时也会发生),这也不足以让他们接受对方的观点。18世纪,两位动物学家之间曾发生过一场争论。博物学家沃尔夫不相信胚胎事先存在于受精卵中,他向他的反驳者——瑞士人德阿莱提出,他要每天砸开同一只母鸡产的已经受精的蛋,检查里面的情况。沃尔夫以为这个实验可以一劳永逸地证实,胎儿在受精过程中并不存在,胎儿是逐步形成的。德阿莱欣然接受实验,但依然坚持自己的想法。他反复重申,之所以看不到胎儿,是因为胚胎是透明的。为了证明这一点,他建议沃尔夫给鸡蛋涂上颜色,再使用固色剂——当时人们为了观察方便就是这么做的。在此过程中会加入酸,这让蛋清凝固,因此会有一种形态出现,[2]德阿莱立刻把它认定为小鸡。

墙的比喻

学习是否就不可能了呢?不管怎么说,学习还是可能的。单纯地增加论据或者反论据能够提高说服对方的可能性,其中一方有可能最终"击中对方的靶心",但大多数时候,结果是令人失望的。

在重力问题上,我们可以提出让人躺着称重,此时空气的作用面积更大,重力应该

---

[1] 在专家看来,高精度秤可以显示出轻微的质量增加。所谓的"阿基米德"浮力尽人皆知,但并不为大多数人所理解,而且这种浮力并不仅仅存在于水中。

[2] 往蛋清中加入酸(柠檬汁或醋),蛋白质就会起聚合反应,使蛋清凝固。

增加。我们还可以收集信息，了解同一质量的物体在没有大气的月球上的重力大小。

对于已有相关知识的人来说，这些论据是能说明问题的，但它们很难让初学者产生认同。船身上的一条小裂缝不足以让一艘船沉没，特别是当全体船员都在往外舀水的时候。还有其他更巧妙的方法可以帮助人们"打破"障碍。先有概念对学习构成了真正意义上的障碍，它让学习者受限于自己的知识，对一切新事物都避而不见。

打一个比方可以让我们把问题看得更清楚。既然这里涉及的是一种封闭状态，那么我们可以把障碍看作一堵墙，它阻碍了人们通向另一个知识空间（这种比喻并非无据可依，法语"障碍"是 obstacle，源自拉丁语中的 obstare，意味着"挡在面前的东西"、"形成阻挡的东西"）。推倒一堵墙需要人力和工具，但我们的教育法还非常不成熟，还没有发明火药和推土机，如果使用铁镐，则需要付出大量的时间和精力。

要越过这重壁垒，首先要知道墙下面是什么，墙的地基是什么。这是老师的任务，它可以通过研究学生的先有概念来完成。[①] 对于学生来说，重要的是向他敞开的知识场域后面是什么东西。如果这堵墙实在太高，挡住了学生的视线，那么他就不会有哪怕一丝探究的兴趣（这涉及我们在第 7 章所谈的动机问题）。此时，老师要向他提供梯子，或者设法让他爬到一定的高度。

这样一来就会出现多种可能性。如果这堵墙比较矮，那么学生可以通过助跑跳过去。如果这堵墙比较高，那么学生可以借助撑杆跳过去，或者徒手爬过去，或者拽着绳子翻过去，也可以建造楼梯或者斜坡。沿着这则比喻的思路，小组学习可以被视为一段矮梯，在小组里，同辈之间相互帮助，一起炼制知识。与之相应，老师提供的信息则是一架长梯。那工具应该放在哪里呢？这堵墙（即障碍）并不总是用于翻越的，它可以成为一个支撑点。卡尚高等师范学校的让-路易·马蒂南就曾提出"目标—障碍"理念，其原则是对障碍进行研究，对这些障碍的超越既是可能的，也是内涵丰富的，然后再对超越这些障碍的教学条件进行定义。

回到墙这个比喻。我们不一定总要不惜一切代价地越过这堵墙，而是可以仅仅让它产生裂缝，一段时间过后它自然就会崩塌。只要一种干扰就可以发挥作用。一些教学实践看上去显得自相矛盾，例如，我们可以把这堵墙加高，一直到它因承受不住而倒塌为止，就像巴别塔那样。老师可以提供一大串信息，将学生的先有概念团团围住，让它难以为继。另外，为什么不能挖一条地道呢？如果这堵墙是在盆地里，为什么不用

---

① 参见第 12 章。

水把它淹没然后游过去呢？方法是无穷无尽的。这个比喻表明了教学实践的丰富性，我们只要走出惯性思维就行了。剩下的事情就是如何让情境和论据适用于所要解决的问题和学生的先有概念。

学习既是解构也是建构，甚至就像蒙彼利埃精神生理学家丹尼尔·法夫尔所指出的那样，是一种"解禁"。为了学习，个体必须跳出习以为常的标线，必须放弃他的习惯。对知识的占有来自颠覆、能够产生丰富结果的危机或深层的不连续性。

为了学习，必须建立一种不协调，它必须瞄准先有概念的"硬核"，必须制造一种紧张，打破学习者大脑所建立的脆弱平衡。一个科学概念不可能从一个单独的情境中炼制出来，更何况是一个包含多个概念的模型！因此，当务之急是要丰富学习者的经验。如果情境不成熟，所有唱反调的观察或经验就会滑向学习者思维的表面，使他听不进任何论据。这不就是人们常说的"左耳朵进，右耳朵出"吗？

丰富经验

让我们回到重力问题上。苹果、雨、降落伞（总之一切下落的东西），以及秋千、钟摆，都是需要学生加以研究的事物，这样他们才能掌握重力概念。我们在上一章提到的教学情境的重要性在这里再次体现出来。不论我们怎么做，地球上的物体因为受到一个强大的隐形力量的作用，总是会落下。重力无时不在，无处不在。如果我们能挖一个洞通向地心，那么重力会把我们一直带到地心……至少我们可以这样设想，因为地心还是一个神秘地带，就像重力的性质也还是个谜，我们只知道它是物体对物体的吸引。这种局限与我们当下的无知有关，它也是学习的一部分。和通常的教学偏见所认为的不同，知识的局限会促进学习。

无论如何，地球的吸引力在很长的距离范围内都是有效的。它让人造卫星在几十万米的高空围绕着地球旋转。月球距地球 38 万公里，也同样受到引力的影响。

我们知道在大气层外航行会进入失重状态，我们比较熟悉失重状态的几种不可思议的表现：喝水非常困难，水滴会漂移，宇航员像跳华尔兹一样行走，等等。跨沟、跳绳时可以再现宇宙飞船里的感觉，唯一的区别在于体验的时长。同样，可以把小人装在盒子里扔到空中，以此模仿宇宙飞船在宇宙中的情况：这艘"宇宙飞船"里的"乘客"会东倒西歪，压力表将测到的它们所受的重力减轻，然后在一个短暂的瞬间消失。

这些步骤是必需的，不过对障碍的解构不应被"物化"，也不应被完全限死。我们无法划定障碍的范围,它粘附在各个地方,不仅仅局限在理性范围内,它的根源一直延伸到情感、情绪和集体无意识层面。人类思维充满了难以避免的定势,所有人,哪怕是文化层次很高的人,都很难不去设想在物体运动中有一种拉或推的力量存在。

洛朗斯·维耶诺曾在巴黎第七大学作过一项出色的研究,其成果在二十年后得到了证实。在回答"有哪些力作用在一个竖直向上扔出去的球上"这个问题时,一些物理系学生甚至某些物理系教师回答道①:有两个力,一个是重力,一个是冲力。物理知识确实让这些人学会了警惕直觉,但超过50%的受访学生尽管学习了一些学术知识,会使用可编程的计算器,却还是信奉"冲力说"。球之所以会继续往上,是因为它拥有"一股力",一种冲力。这种想法大错特错。球一旦被扔出去,就只有一种力在起作用,即重力。

对于这些未来的杰出学者来说,我们的"重力"始终是一个"难"题! 大学生们只能沮丧地发现,要在他们几乎已经可以下意识地使用的公式和这些公式的确切意义之间建立起一座桥梁,是多么困难的一件事。②

与障碍斗争的效果无法保证

墙的比喻让我们隐约看到,解构是一种良好的方法,但绝不是唯一的方法。大多数时候我们并不需要拆墙,我们可以攻击地基,而不是障碍本身。还可以将解构转化为另一种建构,建一个脚手架、一座桥、一个斜坡或是一条隧道。

每一种类比都可以在某些条件下变成相应的教育法。认识论专家斯蒂芬·图尔敏在《人类理解论》一书中对此作出了很好的描述,心理学家迈克·波斯纳又在教学法层面加以补充。这两位作者认为,学习者必须意识到他们的先有概念是有所不足的,而教师则要调动起这种认识,(以明白易懂的方式)提出新知识,并说服学生,新知识与他的思维的其他领域是一致的,且因为其"典雅、经济、实用"而更加有效。

这种"概念转变"教育法引发了一系列思考和主张,特别是在英国。英国教学法专家罗莎琳德·德赖弗认为,这一过程的核心在于第一阶段,即先有概念的失稳。在表达阶段,教师可以识别出这些先有概念,并趁势提出一些反例。原先的观念一旦因同辈群体的共同思考和老师的帮助而地位不保,其他模式就会形成、得到检验并稳定下

---

① 向专业人士解释一下,我们忽略了摩擦力和空气阻力。
② 需要建立的动力机制比巴什拉提出的净化过程更为复杂。后者太过直接,意味着要创造一个脱离过程。

来，继而被应用于新的领域。

这种方法并非没有价值，但过于看重了反例的作用。我们确定学生能听得进不同意见吗？课堂研究表明，答案是否定的。对于一个人（教师）来说符合逻辑的东西，对于另一个人（学生）来说却是不能接受的。这种方法的另一个缺点在于，它对学习者的先有概念重视不足。仅仅举出与学生观念相反的事实，并不能保证学生愿意就此改变观念，而且反例往往只有一个，有时只在课堂上提一下就过去了，常因太过简短而无法说服学生。此外，还要重视炼制新的知识表述方式的困难，这一点往往是隐性的、被掩盖的。

1974年，皮亚杰的"御用"合作者巴贝尔·英海尔德提出了一种更中肯的理念，即"认知冲突"，强调在对立观点的相互对抗中出现的观念"交战"。在她看来，学习者可以进行一种"强平衡重建"，也就是超越他自己的原有思维。在这种情况下，观点的冲突以一种动态的方式对认知结构发起进攻，创造有利于"智力偏移"的条件，并阐明其差异。学生必须在社会互动情境中协调自己的行动或观点，从而导致认知方面的进步。

冲突要具有恰当性，必须满足一定的条件。我们必须为清晰阐明多种观点提供可能，这可以让学生进入一种对立明显的激发情境。在这一情境中要设置标志，避免学生走入岔路。发生心理学派以及后来由道伊斯、慕日尼和拜赫-克莱尔蒙组成的日内瓦社会心理学派，在各种情境中对这一理念进行了积极拓展，过快地把认知冲突变成了一种"神药"。①

认知冲突是不能被搁置一边的，这甚至关系到民主的安危。民主的基础理念是"众人的智慧胜过一人"，因此，直接的政治辩论，或借助议会代表进行的间接政治辩论，都应该可以让人们最终作出服从于共同利益的更好的选择。关于这类实践的各种迂回方式我们都很了解。

那么知识的炼制又该怎么办呢？对于这个问题，在无法实施实验证明的情况下，一般认为认知冲突是最有利于知识生产的。在一个共同体内部，最佳论据应该会得到集体的认同，但仍然有众多反对意见存在，甚至在科学共同体内部也是如此，会有各种因素形成阻碍，包括权利关系、交际操纵等。

在教育方面也是如此，在这里，认知冲突理念需要得到丰富和相对化。小组学习

---

① 第9章、第10章会提出其他必需因素。

经常会像一个启动装置一样发挥干预作用。对质状态对动机的产生也是有利的，它让学习者产生维护自己观点、反对他人观点的愿望。辩论可以丰富学习者的自身观点。当被维护的观点显得脆弱或具有局限性的时候，对质可以帮助学习者考察其他观点。这种活动方式拓展了学习者的概念、行动域和表征，比讲授式教学的效果更好，它可以作用于一些学习者以为自己已经掌握的知识点或已经建立的观点，引发思维紊乱，再借助小组，通过生产新知识来引起观点的转变。

不过，这种"共同解决问题"的情境并不仅仅关系到认知层面，社会维度和情感维度在其中也十分重要。学习者需要超越双重失衡：社会的（"人与人不同"）和认知的（"人与人想法不同"）。今天，心理学家已经承认了这些局限，更愿意使用"社会—认知冲突"的说法。

观点对立对于学习的积极作用并不是自动产生的。对质往往会让个体感到气馁，特别是大龄学习者，必须承认，冲突经验对于他们往往是伤害性的，而不是建设性的。对质的安排必须十分妥当。个体不喜欢相互对抗（因为这迫使他们公开自己的想法），也害怕一切质疑他们看待问题的方式的辩论。因此，个体会采取各种各样的避让策略，包括对情境和言论不予理睬、采取强硬立场或占据权势地位。[①]

教师必须使这种对质合法化。对于低龄儿童，游戏是一种可取的方式；对于成人学习者，角色扮演可以作为第一阶段，以让他们少受创伤。在这两种情况下，关于学习的思考都是不可或缺的。

学习者如果能意识到存在着不同于自身观点的其他概念，就可以加强"这些不同并不构成理解障碍"的想法。冲突是一条需要保持的"主线"。必须经过多次反驳，举出大量反例，反复指出其局限，才能够让个体和自己曾经确信的观点拉开距离，探讨这些观点的可靠性，或不再认为它们是普遍适用的。这样一来，个体就会作好重新审视的准备。对质必须启动协调观点并使其达成一致的步骤。即使某个观点占了上风，其他观点也不应被当作失败，而应被看作得到了超越。

这堵墙是不可逾越的吗?

有时，这堵墙是不可逾越的。它是被峭壁和鸿沟包围起来的堡垒的一部分。然

---

① 参见第10章。

而,障碍和学习是不可分割的。障碍不是阻碍思维的东西,而是思维的组成部分。在变成难题之前,它是聪明的头脑给自己的一种便利,是某种思维定势的表现。如果我们把鲁昂大学的教育学者让-皮埃尔·阿斯托尔菲的话改一改,就可以说:人们很喜欢"用穿着鞋的头脑"来思考。

障碍实际上像一个双面间谍。一方面,它是"必经之路"、必需的工具;另一方面,它是潜在阻滞的源头。换句话说,由皮亚杰定义并为众多建构主义者所重复的知识建构,很少是以自动的方式进行的。对于学习者来说,它不是一条现实道路,而是一种潜能。

在思维层面上,我们无法对建构主义模型提出异议,但在认知科学和教育方面,它过于理想化了。它忘了,在教授特定知识时具体的实施条件是不同的。因此,皮亚杰和他的后继者们局限于描述非常泛化的思维操作,对支撑思维的一切基础加以抽象化,也就不足为奇了。巴什拉和他的信徒们也是如此。要在这些领域有所突破,建构和解构必须被看作同一现象的两面。学习的动态发展产生自它们之间的张力。正如我们在之前指出的,一切新知识都是已有知识依据某项规划的重新炼制。在学习时,我们既要依靠感知、假设、自命真理、即时观点和成见,也要反对它们。

10. 模型化、记忆、调用

他太太叫他没用的东西,也可能是一无所知的傻瓜
是的我想就是这么一回事一无所知的傻瓜
或者别的称呼,我知道吗,我记得吗
所有这些无聊的琐事箱底的东西记忆的残屑和碎渣
我已不清楚故事的结局。

——雅克·普雷韦
《缅怀》,《话语集》,1946 年

学习不能被简单地看作往每个人拥有的记忆中塞入一些信息。这种把学习和录入放在同等地位的经典模式由来已久,古埃及和美索不达米亚的思想家早已提出过这种观点。这种观点认为,知识是各种混杂概念的串联,老师将知识传播给学生,学生通过耳濡目染,对老师言听计从,将知识"全部接收",之后自己成为老师。古希腊思想家虽然崇尚怀疑主义[①],但也走上了同样的教育道路。

数百年后,笛卡尔想象人的大脑中有一个小人,从容地看着印入大脑的事物影像。这种观点在 19 世纪再次兴起,一群挤在脑壳中的小人摆弄着试管瓶和仪器以再现思想。哲学家柏格森进一步深化了这种观点:"大脑不是别的东西,就是中央电话局。它的作用就是连线通话或让人等待。它收到的是什么,就是什么……"

思维的消化

我们已经清楚,事情完全不是本章开头描述的这样,人的思维从来不会如此运转。

---

① "我们唯一知道的事情是我们不知道。"——苏格拉底

我们看到，大脑会对它接收到的信息——更确切地说，是对它所寻找的信息——进行"消化"。它不会把事实照原样储存，更不会把感觉和记忆照原样储存，而是对它们进行组织、阐释，赋予它们伦理价值、美学价值或情感价值。

当学习者的思维结构较单薄或存在错位时，他只会接收孤立的信息，像一条条没有戴项圈的狗。信息堆满了他的脑袋，他被淹没在信息中。学习者的思维结构越坚实，他越能掌控其学习的领域。他能够自如地整合他所挑选的信息，所有新元素都能找到自己的位置，不过这些新元素也会阻碍其他学习。

在这两极之间存在着一个区间，学习者在那里精心组织自己的观点，并在他感觉到自己的先有概念有局限或已失效时炼制一种新观点。他有多种策略可以使用。他可以完全独立自主地进行炼制，但这花费的时间太多，而且阐释很快就会变得有限。他也可以寻求一些现成的结构。一些具有学习动机的初学者通常会采取后一种方法，他们很乐意接受在书中找到的或由老师提出的结构非常完整的信息。可惜的是，这种现成结构并不多，要找到适合自己需求、立刻就能理解的思维模式并不总是那么容易。

最好的解决办法是什么？是"工具包"！学习者可以依靠各类"思维助手"，这些资源能够帮助他组织知识。思想是无法在一盘散沙上进行炼制的。在日常生活中，母语的适用性很广，但在经济学、科学方面，它的局限性很快就暴露了出来。如果在这些学科中采用普通词汇进行推理，在认知方面将会显得非常枯燥繁复。此时，符号语言——如数学语言——就会发挥意想不到的作用。你有没有试过不使用符号（这里指印度数字，即所谓的"阿拉伯数字"）来做乘法？此外，在选择符号时要十分慎重。如果没有专门学习过，数学符号的价值还是相当有限的。[①] 不过，只要掌握了一些代数语言的基本知识，代数还是比算术更容易解决问题。代数语言中的未知数、变量和常量可以使人的思维更高效。

图像的力量

在很多情况下，知识的炼制可以借助图像、隐喻、类比和图示来进行。在解码现实之前，需要先对现实进行编码。在自然界中，不存在细胞和原子这样的概念，通过使用

---

① 学校还没有教会儿童如何阅读，就过早地让他们使用符号语言了。数学语言之所以复杂，是因为其中混合了多种语言手段——词汇和符号的混合——以及多重话语层次。学生往往不理解他们所完成的练习的意义。

模型,自然变得可以被理解。一张失业率变化图或者通货膨胀原理图能够帮助人们理解这些机制并促进记忆。图像可以起到举例的作用,把复杂情况变得条理清楚,让人了解其本质。"一杯尚可,三杯伤身"这句口号就用一句话概括了情境的意义要素。

一切都在于剂量的调配。使用与学习者熟悉的世界相距遥远的术语很有可能让学习者远离知识。学习者需要支撑点,他必须找到学习道路上的"撑杆"。有一句中国谚语说道:"没有河堤的巩固就没有河。"连环画越来越多[1],图像已经占领了世界,象形符号在国际化场所的大量使用就证明了这一点。在所有地方,所有人都知道白底红圈中间一道红杠表示的是"禁行"或"危险"。

把一起未知事件和一个已知事实进行比较能够让人安心。图像的力量不在于它的智性内容,而在于它所提供的阐释能生产出在行动中可循环使用的观点。因此,很自然地,诗人比哲人更容易得到人们的理解,摩西、穆罕默德、耶稣等伟大先知都非常看重比喻。

然而,就学习而言,事情并非如此简单。只有在学习者知道自己会遇到什么样的困难时,用示例来解释抽象概念才具有意义。这种做法往往是一场赌博。最主要的困难在于例子的可读性和可理解性不足。类比和比喻不是现实,而是对需解决的问题在一定程度上的形式化的人工阐释。例如在饮食问题上,有效的饮食控制可以被比作"马拉松",而不是"冲刺"。用下面的方法进行介绍更容易让人理解食物能量的多少:"用一块巧克力所含的能量,你可以开车1公里,走路15公里,骑车40公里。人类发明了自行车,找到了最能有效利用能量的方式,这种利用方式的有效性超过一切事物。"

最成功的(也是最具颠覆性的)范例之一是雅克·德费纳在化学上的尝试。这位日内瓦博物馆馆长在《原子的奇异世界》一书中用到了"男性家族"(负离子)、"女性家族"(正离子)和"单身人士"(稀有气体)的说法。他给所有这些原子装上了一定数量的手臂(根据它们可以建立的关系的数量),赋予它们一种想象的"重量"(名为"格隆"),与它们的原子质量相对应;他给它们制作了身份证,写上了它们的主要特征;他还给它们拍了一张全家福,来表现门捷列夫的元素周期表。他还用夫妻关系来比喻一些化学反应,用婚姻规则来说明化学反应的规则。例如:"1. 可能的结合形式有一夫一妻、一夫多妻、一妻多夫以及群婚;2. 结伴者的手臂加在一起,女性手臂的数量要等于男性手

---

[1] 人们认为连环画一目了然。

臂的数量;3.每个原子的手必须和性别相反的原子的手握在一起;4.结合在一起的夫妻或团体就叫分子。"他对原子的剖析使学生得以了解构成原子的所有粒子,最后他还将裂变和核聚变比喻成原子患有的基因疾病。

图6　雅克·德费纳描述的化学反应

　　HCl 母子在散步时遇到了 NaOH 一家三口。他们突然想交换一下家庭成员。Cl 太太和 Na 先生组成了一对,把两个孩子 H 托付给了 O 太太,O 太太很乐意。

　　(来源:雅克·德费纳,《原子的奇异世界》,纳赛尔出版社,1994 年)

图示化

　　另一个理解的支撑点是图示,相比语言,它在某些学科中具有重要的优先地位。[①]它把一系列信息具体化,对其加以总结概括,让人们对要解决的问题有所认识。

　　图示在早期具有很强的描述性,非常写实(和临摹一样),现在已经逐渐变得简略,只表现情境中的关键因素及其互动。在电子领域,图示已经成为相当于乐谱的东西。在地理学和地质学上,地图的发展已经达到了巅峰,让人一眼就能找到所需信息。不

――――――――――

① 技术领域越来越多地使用标准化图示,它们有着严格的绘制和阅读规则,需要事先加以了解。

过,要读懂一个图示或一张地图对于外行人来说极为困难。教师和教材编写者往往低估了问题的严重性。所有图示都是对现实进行浓缩的一种先在选择的结果。不过图示化过程需符合学生的发展轨迹。

学习者必须学会自己绘图,然后和同学画的图进行比照。这个过程会让他意识到应该选择哪些因素来加以表现,或者意识到这些因素间存在的联系。教师可以让学生对制图的规则和限制(图示是静态的,却要表示一个动态系统)进行研究,开展一些游戏类活动。我们经常使用的一个手段是角色扮演,这在针对成人的科学课程中也会用到,方法就是对图示中的内容进行模仿,必要时可以使用一些小道具。例如:在天文学课上,可以让未成年学生通过"舞蹈"来模拟天体运行轨迹;在生物课上,可以让高一学生扮演细胞分裂时的染色体、激素,在物理—化学课上可以让学生扮演电子,他们可以用动作来表示线粒体或叶绿体之间的互动。在高校里,我们已经成功地运用了这种技巧,[①]虽然大学生在一开始对此持保留态度(这是完全可以理解的)。这种技巧每次都能使学生形成一种图示雏形,帮助他们理解艰涩难懂的细胞内生理机制,例如酶功能的调节、细胞膜的渗透性。

模型

模型是另一种思维辅助工具。有些模型是直接就可以理解的,例如实物模型、缩小模型,它们可以让人理解诸如雪崩、淤沙等现象。不过,模型的问题大都比图示来得严重。模型化这种活动要求不断调整来自环境的信息和个体在理解过程中可以调动的知识之间的关系。

在地理课、经济课和科学课上,我们发现学生的先有概念和教材提炼出的模型之间有着很大的落差。例如:在物理课上,教材的编写者似乎认为物质具有不连续的粒子结构是理所应当的事,但其实这很容易引起争议。即使学生听说过分子、原子,他们也还是认为分子和原子是可以触摸到的。

和图示一样,要进入一个模型是十分困难的,模型必须被分析研究,并和学习者的先有概念联系起来。只有当学生能够在头脑中再现原子的大小,对原子之间的距离、原子内部粒子之间的距离或是一立方毫米的空间内可以装进多少原子有所认识,关于

---

① 至少运用于解决学生感到困惑的问题。

物质的模型才具有意义。

类比可以成为学习者思维的中转器,例如:如果我们把埃菲尔铁塔所有的梁柱之间的距离去除,那么它就可以被装进边长 30 米的立方体中;如果我们把原子之间的距离去除,那么我们就可以把埃菲尔铁塔放进一枚大头针的头那么大的立方体中(质量当然还是相同的)。

为了学习,老师必须让学生自己制造模型,并提供成套的例子,让学生对这些例子进行组装和验证。例如:学生(甚至包括成人)经常会把热量和温度混淆起来。[①] 他们很难接受"从冷水中汲取能量能让屋子变暖"的设计,这个设计是和直觉相背离的。同样,他们对热量平衡原理也嗤之以鼻,因为日常生活中的所有感觉都是与之相反的,例如比萨饼上的西红柿会烫嘴,但面饼却不会造成任何不适,而它们是从同样温度的烤箱里取出的。

能够促进模型化的路径必须将概念和直观感受联系起来。一种极为普遍的、顽固的直觉可以作为出发点,例如"热量(被比作)是一种物质",接着就可以提出一种类比,把水量和热量对应起来,把水位和温度对应起来。

在这种模型化过程中,重要的不是模型本身,而是由它推导出的各种解释和预测。必须让这一模型立刻运行起来。以上文的模型为例,水量和水位的本质差别使得学生能够明确区分热量和温度。有了这个模型,教师就可以鼓励学生进行预测,例如:两种液体混合后,温度会发生什么样的变化?水从水位高的容器流向水位低的容器,热的液体的温度会下降,水流停止时,两个容器内的水位是相同的,它介于两个容器的初始水位之间。水流动时水位的变化取决于两个容器中的水量。

从这个例子可以看到,往体积更大、水温更低的水中注入少量的高温水,最终的水温会更接近于前者。一般来说,学生会把两者的温度相加,得出比原先的高温水温度更高的答案。我们还可以用不同的水量和温度来做同样的实验,每一次都改变一下容器的水深(为了温度)或直径(为了水量),就可以看到这一模型如何根据液体的不同性质而变化。

这一模型遭到狂热的现代性支持者的反对,因为它涉及的是一个过时的科学概念。当然,我们应尽早地教授当代知识,我们也支持从幼儿园起就对儿童进行原子模型、分子模型或是相对论的某些形式的启蒙,但所有这些教学都必须通过学生可理解

———————————

① 参见第 1 章。

和使用的模式来进行。

在热力学这个非常棘手的领域，我们的模式虽然陈旧，但却是必不可少的，它使学习者获得双重进展。一方面，它对于思考日常生活中的大部分能量问题具有可操作性；另一方面，它适用于学习者的先有概念，使学习者可以进行某些心智运算。这样一来，学习者对"事情究竟是怎么回事"就会有一个清楚得多的了解，甚至在课堂上还可以讨论一下这一模型的局限（在状态没有改变的情况[1]下，这个模型还是严谨的）。

我们的立场（和建议）完全以实用性为基础，即提出有局限性但可以直接为学习者所用的模型。无论如何，"理想"模型是不存在的。每一种模型都有利有弊。在某个时刻最具效力的模型早晚会变成一种障碍。所有的图像化支撑都会使学习过程凝固。我们必须事先就对图像、图示和模型的使用进行思考。最好不要只和学习者讨论一种模型。同时使用多种工具而不是一个，可以规避封闭性。学习者可以自己思考它们各自的用处、可能性和局限。

打一个比方可以帮助大家理解我们的建议：在干活的时候，根据螺丝的种类、位置和用途不同，我们会需要好几种螺丝刀。

从模型化到记忆

如果说理解和组织知识是非常有用的，那么将知识保存在大脑中待用（如有可能）也同样有益。这就是我们通常所说的记忆。人们对这项生物——尤其是人类——所具有的惊人能力的研究已经取得了很大进展。这些研究颠覆了我们的先有概念，特别是与教育有关的先有概念。

直到不久前，记忆还被定义为在划定空间里普通的存储现象。最常见的是把它比作一座图书馆，更现代的说法是把它比作电脑硬盘。过去，人们认为不去背一些概念可以为储存另一些概念提供空间，但与此同时，记住前缀、后缀列表，化石群，各个省份以及它们的省会、专区的名称，也被人们认为有利于记忆的发展。

然而，事实并非如此。不幸逝世的作家乔治·佩雷克在他的作品《我记得》中拒绝承认记忆这种能力是三段式的华尔兹。记忆是学习工作不可缺少的工具，是我们日常生活的支柱，但远不仅如此，它还是我们身份的基础。我们应该用"记忆"这个词的复

---

[1] 例如没有从冰变成水。

数形式,因为这里所涉及的机制是多种多样的。首先是获得性记忆,它包括即时记忆,例如细胞对环境经验的储存,细菌免疫力、毒品成瘾、药物成瘾和过敏都属于这种记忆;接下来是反射性记忆,有了它,我们才可以吃饭、喝水、骑车、打网球;第三种是再现性记忆,负责再现物体、人物和事件。我们这里所说的是第三种记忆。

第三种记忆使用的工具是多种多样的。母语、图像化语言和概念构成了这种记忆的支撑、过程和产品。对图像的记忆和对人脸的记忆不是一回事,和记忆声音更不一样。我们还可以区分出短时记忆(即"工作记忆")和长时记忆。短时记忆涉及信息的组合,它使人们能够确定一个日期、电话号码、编码或动作,但其不能存储大量的信息。[①] 它把各种各样的信息"投放进去"。它的效用是即时的,有很强的选择性,涌向大脑的信息只有不到千分之一会被记住。长时记忆(或"语义记忆")具有很强的功用,我们目前还不知道它的界限在哪里。我们的身份、知识基础、个人经历中的决定性因素都刻录在长时记忆中。在记忆系统中,信息的保存和组织有一套完善的结构。观点和标志的结合(普鲁斯特《追忆似水年华》中经典的"玛德莲娜小蛋糕")使人想起过去的某个时期,并引发回忆过程。这种记忆和文化记忆有关,是我们文化史的产物,许多事物的产生都取决于这一记忆:我们的语言、推理方式、对时代的划分、价值核心等。从这里可以看出记忆现象的高度复杂性。

三段式记忆

我们不能把记忆看作单纯的录入。没有我们在上文提到的感觉和理解机制,这个阶段是完全无法实现的。它要求个体呈现一种接收状态,即一种意向性。[②] 个体必须主动或被动地产生接收的意愿。要想成功记忆,必须将信息和先有概念或参考实践聚合在一起,但仅做到这一点是不够的,我们已经看到先有结构在解码中的重要性以及它们的抵抗作用。记忆是知识网络间的关系建立机制和联结机制运作的结果,也是互动、对质和重组的结果。获得意义之后,记忆就会得到促进。此外,储存并不意味着记忆过程的结束。对知识的录入只有在人们能够回忆起这个知识的时候才具有意义。当人们需要某个知识时,要能够找到它。最常出现的问题不是记忆维持的时间不够

---

① 7 个组块,一般来说在极短的时间内人们可以记住 7 个组块,如数字、姓名、日期等,这种记忆最多维持几分钟。

② 参见第 7 章。

长,而是这种唤起能力的不足。一个信息如果以多种方式被录入(口头的、图像的、运动的),并和其他已经被记忆的因素形成联系,那么它就更加容易被唤起了。

记忆不断被重塑,几乎每天都是,在我们睡眠时也不例外。一台电脑"被填满"时什么都不会忘记,而我们的大脑一直在"打扫卫生",以接收新的信息。为了我们好,它会忘记那些对于我们的生活不再具有意义的东西。

分散的记忆

直到不久之前,记忆还被认为存在于"某处"。一百多年间,学术界一直在追踪记忆的巢穴。一些人认为它存在于边缘系统的内部区域,即海马和杏仁核这两个拥有丰富神经细胞的区域。去除这些结构的确会使记忆功能丧失。今天,人们更倾向于把这两个地方看作中转站或电话总机。[1] 这解释了为什么在切除了这些部分后记忆就终止了:电话总机出现故障会阻断通话,但并不是总机制造了通话。记忆是分散的,也就是散布在所有皮层和下皮层上,还有一些更深的区域也同样发挥着作用。

知识进入大脑依靠的是神经元网络,是电子和化学过程共同作用的结果[2],其中涉及突触的建立,也许还有分子编码。核糖核酸或神经递质需要的蛋白质由此合成。一些研究者甚至把记忆看作全息摄影。被摄物体的每一个点都被全息图所记录,反过来,全息图上的每一个点都包含着关于被摄物体所有点的信息。因此,通过撕碎全息图来销毁记录信息是徒劳的,因为全息图的每个碎片依旧记载着被摄物体的所有信息,同一信息被同时记录在多个地方。

事实上,一个概念暗含着整个概念体,或至少包含了一大部分。在目前的知识状态下,我们所知道的只有这么一些,更何况这种思路和笛卡尔的逻辑是相悖的,后者让我们习惯了把整体分解成一个个部分来理解。一个新信息必须在被调用的结构整体中找到自己的位置,它可以在大体上依附于已经存在的神经元网络,或是对后者进行修改。新的网络由此诞生,另一些网络则失去活力或者被淘汰。我们拥有超过一千亿个神经细胞,最多可以建立两万个突触,也就是 10^{14} 到 10^{15} 个连接……1 后面有 15 个零。我们的记忆潜力是巨大的,远没有被开发完全。许多众所周知的技术可以促进记

---

[1] 参见第 3 章。
[2] 什么都记得会阻塞这些复杂的回路,往往是"记忆过强"的症状。

忆功能。不过关键问题不在这里。知识一旦被储存，学习者就应该调用它。学校应该重视的是这个方面。

从记忆到调用

学习者在一个与他的学习环境差别很大的环境下再次利用记忆中的知识，这就是记忆的调用。例如，他可以在一张 1∶50 000 的日内瓦城市地图上找到城市的各项设施，但他在学习时用的是布鲁塞尔市地图。当然，如果学习者在制作一份城市档案时，能从一整套信息（平面图、不同比例的地图、航拍照片、统计数据、文本和图表）中提炼出城市设施的发展，这种调用就更加可靠了。这个问题被其他教育学家命名为"迁移"，在我们看来，它是一个根本性问题。学习者必须意识到，知识只有在能够被应用或被批评的时候才具有价值（我们再重复一次，即使学到的知识存在错误和局限，这种学习也从来不是对时间的浪费）。

如今的学生很难进行这种知识迁移。学生在中学期间学习了动电学，也就是电流的传导。他们背下了最重要的公式：U（伏特）＝ I（安培）× R（欧姆）。根据教学计划，他们学到了电池在低压下（6 伏或 12 伏）可以输送很强的电流（100 安培到 200 安培之间）。这些问题都不难，中学生和大学生在考试中都能够应对自如，但在日常生活中就是另外一回事了。学生们记住了这些知识，却没有把它们整合进大脑。当自己的车出现电源问题时，这些年轻人想到的是去修车厂，而不会去检查一下电池的情况。至于那些敢给电池充电或者换电池的人，他们的好几个动作都可以说明问题：他们小心翼翼地避免用手触碰接线柱，因为害怕触电。其实，即使他们抓住了接线柱，也不会有任何感觉，因为其中的电流是微不足道的。这就是 $U ＝ IR$ 这个公式的直接表现。我们的身体是一个巨大的电阻，流过的电流一定非常微弱，更何况电池已经没电了。不过，这些年轻人会直接用手抓住电池，把它拿出来，虽然他们已经学过电池里含有浓硫酸。电池充电后，他们有可能把螺丝刀或者钥匙掉在接线柱上，然后用手把它们拿开。此时，这些导体可能会引发短路，导致金属发红，造成深度灼伤。

这个例子充分说明了学校和生活之间的鸿沟（学校知识本应在生活中得到应用）。两个意义世界相互错位，甚至对立起来。学校知识顶多可以让学生在考试中过关，却很少被迁移到日常生活中用以解决问题。我们可以看到这种远离生活经验的教学荒谬到了怎样的程度。这种教学让学生快速、有效地吸收大量杂七杂八的信息，同时却忽视了学生的思考能力、想象能力和概念化能力。

调用活动

在学校开展知识调用活动,可以避免上述问题的产生。这类活动是多种多样的,甚至可以是简单的练习,但这和习惯上只应用一些信息、规则或记忆的练习有很大区别。已学知识必须触及新情境,这一新情境必须能让这一知识更加澄明,以便推动学习者完善图式,甚至制造一个与课堂上提出的模型不同的全新模型。

这种调用也可以通过自我教学实现。在同学面前,学生会维护自己的知识。很多教师和培训负责人都有这样的日常经验:他们只有通过教学,才能真正理解一个知识点。学校可以推动学习者之间的合作和知识交流。不同年龄、不同条件的学习者可以很好地相互解释知识。这种互助教学在 19 世纪占有重要地位,可惜它随着教师的职业化而消失了。

最后一种调用形式是在行动中迁移。在很多专业分支中,这种迁移与相应的职业联系起来,从而得到了系统发展,例如:让学生制作一些软件、小机器人、游戏,作为商业产品的雏形;让学生进行市场调查,他们的调查结果有时会改变人们的生产实践和销售实践。

我们要让学生学习的是如何实际运用知识(即使是以此为业的人也做得磕磕绊绊,比如地方政府、决策者、管理者)。想要完成一项具体行动,就要引导学习者去寻求实施这一行动的手段。他们必须学会弄清楚情境,找出问题所在,分析不同观点和各种制约因素(特别是经济上的)。对背景环境和所搜集资料的研究与课堂上的组织化活动交替进行,可以促进学生进行分析。小组学习和集体讨论能提供重组问题、寻求替代解决方法和将这些方法纳入境脉的机会。课堂的地位由此改变,它不再仅仅是传递知识的场所,而成为制造知识的场所。

例如在健康教育或环境教育方面,可以让学生通过组织展览、制作小型出版物或在地方媒体上发表文章,引起人们对相关问题的关注,可以进行的活动包括对地方政府进行游说、参加辩论,或是对治理规划进行前期研究,研究内容包括土地使用计划、土地归并方案、对影响的前期调查、对交通以及车辆停放规划的建议等。

这种调用活动可以被视为一种"真实角色扮演",真正进入地方政府、企业或组织的具体操作层面。在我们开展的课堂活动中,许多研究最终成了现实的规划:学校花园、学校的空间组织、学校的时间安排、街区游戏场地及其管理、小区多功能休闲区、学校的修缮和美学风格等。[①]

　　一些活动由于时间不够或受到某些制约而没有能进行到底，但我们能不能把它们称作失败呢？看起来不能。一个"真实角色扮演"活动对于学习者来说总是具有启发性的，它比任何教学都能更好地揭示这项学习的各种参数。要学习的东西有很多，甚至在一场失败中也有很多值得学习的东西。重要的是能够评估那些学习活动，对它们进行讨论，让其弱点和局限浮现出来。

---

① 参见第 16 章。

11. 关于知识的知识

自己去了解自己。

——苏格拉底

大多数人认为自己的认知能力是天生的,而且不可能无限发展,因此,试图去学习"人们是怎么学习的"会有点奇怪,甚至显得很自负。然而,"关于知识的知识",也就是一些人用带点学究味的语气所说的"元认知",仍然是学习行为的组成部分。当元认知活动不能自动或内隐地完成时,学习者就无法学习。这一维度极为重要和特殊,因此,我们希望把它和学习的其他元素区分开来,进行深入剖析。[①]

1996 年 7 月 29 日,当大众第一次在国内新闻中听到"今天巴黎的臭氧含量是 187 微克"时,他们以为(终于有那么一回)媒体在宣布一条好消息。当得知此时"已经达到二级污染警戒线"时,他们非常惊愕。当记者进一步确认"这些臭氧是汽车尾气在太阳的光化作用下形成的,非常危险"时,他们的惊愕达到了顶点。

实际上,在此之前,报纸和广播都把臭氧描述成人类的气体朋友。臭氧不是能在大晴天避免我们得皮肤癌吗?它不是能阻挡紫外线吗?臭氧层出现空洞,也就是大气中臭氧缺失,才会引发问题。

原则上,一种物质同时具有两种彼此相反的性质是一种与民间智慧不相容的观点。要接受一种事物随着数量、地点和环境的变化时而"好"时而"坏",就需要用另一种眼光看待世界。臭氧就是这样,它位于大气上层时发挥其益处,可以阻挡紫外线,但在贴近地面时则变得有害,显现出氧化作用。

这种"对某事的思考"不能是抽象的,尽管我们的同行和哲学家朋友认为它是抽象的。这种思考只有建立在实际例证之上,与个人直接相关,才具有说服力。如果我们

[①] 我们花了二十多年的时间编写了一套思考题,它在促进学习方面很有成效。

想要传递"一个事物并非非好即坏"①这样的观点,强调该事物的性质取决于数量、浓度和环境,我们可以让学习者先研究药品问题。药品的好坏取决于我们吃了多少,这一点,即使是年纪很小的学习者也能够理解。剂量不大时,镇静剂具有放松和安抚效果,而剂量太大时则可能会让你上西天。酒精也是如此,适度饮用时具有催眠或愉悦身心的作用,一旦肆无忌惮地畅饮,就会导致过度兴奋。一杯葡萄酒具有治疗作用,可以避免动脉循环问题,促进视网膜功能,但喝到第二杯,人的反应就开始变得迟钝,长期过量饮用还会有肝硬化的风险。

这种认识不是立刻就会产生的。人们需要剖析大量的实例才能克服"一个事物只有一种性质"的观念。要改变自己的逻辑,一个人必须让这一逻辑和大量的论据进行对质,还要把事情的来龙去脉全都搞明白。正如我们已经分析过的,这些论据必须对个体形成干扰,同时帮助他进行思考。只有具备这种意识并再次回顾所有这些信息后,人们才能理解大气中的臭氧可能有益也可能有害。

正如我们在上一章所提到的,这种"对某事思考"还必须延续到其他情境的调用中。就"一个事物不仅具有一种性质"这一点来说,即使是一些极为常见的事物,如水和氧气,可能也需要我们去学习。氧气对于人类来说不可或缺。在遇到事故时,氧气可以让伤者恢复。然而在局部压力过大时,例如在深海潜水时,氧气就会变成剧毒的毒物。同样,蒸馏水是最纯净的水,但却可以杀人于无形:它到了血管中会立刻引发栓塞。

适应现象

学习是一种适应现象,即反馈性现象。例如:在视觉上,来自视网膜的细胞轴突在丘脑的灰质核团中进行中转;外侧膝状体又反过来控制感知,来自眼睛的信息在和视觉记忆进行互动时,由这种脑结构来加以过滤和解码,这一结构的皮层部分指挥眼球的运动。对信息的抓取总是紧扣个体制定的目标来进行的。在人脑各区域的不断反馈下,这些信息得到阐释,这是另一种形式的调节。简而言之,没有视觉就没有阐释。后皮层区域参与进来,对这些机制加以控制。所有这一切都受额叶的支配,它调节着整个过程。

---

① 民间智慧可以是另一种路径。

人脑在学习时也是如此运行的，同时还炼制一些观念网络。意义浮现于这些观念之间建立的联系中。关于知识的知识让这些调节变得澄明。要做到这一点，光靠训练（即英语中的 drill）是不够的（行为主义实践的局限在这里表现了出来）。一种可以被称作"元认知练习"的新型练习能够使程序明朗化——至少在一开始可以——让人们对其有所意识，并由此促进概念化。例如，面对科学领域的不同概念，可以让孩子们通过投票来裁决。如果在研究了这些概念的科学性后再引入社会标准进行对比，那么孩子们就会学到很多东西。接着，我们还可以继续研究法律和神学涉及的相应标准。这些标准在另一情境中的使用可以丰富学习过程，这就是迁移的价值。一个爱好国际象棋的四五岁孩子比一个虽有很多文凭却不熟悉国际象棋的成年人更有能力使用或记忆一种国际象棋的进攻策略。

我们已经知道，对学习影响最大的因素是学习者关于自己将要涉足的知识领域的先有认知。如果没有这种认知，那么他虽然学习了知识，这些知识也只是以根深蒂固的先有观念作为背景。有些学习者的认知在过去显得很有用，所以他们不会仅仅因为老师或书本向他们下了命令就放弃那些认知模式。在没有被放在对抗位置或没有被加以研究的情况下，两种对立的概念可以在同一个头脑中共存。在非洲，经常可以看到一位科学家讲出天差地别的知识，这取决于他当时是在实验室工作，还是在自己出生的村庄里生活。在欧洲，一个大学生会为了考试背下一种"好"的理论，一旦假期来临，他就又"回收"自己的旧知识。在职业领域，一个教师如果没搞清楚自己的教学真正的问题所在，在数学课和物理课上就会使用不同的教学方法或推理方式，便会在实践中遭遇困难。

对知识的研究

对知识进行研究是接触元认知的首选方式，但在对这些知识内容本身进行研究，或为了获取这些知识内容而进行研究之前，需要看一看学生对知识抱有的印象。例如在数学方面，大部分学习困难并非来自学科本身，而是来自教学计划和教师对教学内容的呈现方式，这种呈现方式会对学生的头脑产生根深蒂固的影响。老师教的数学其实并不难，但正如我们已经提到的，人们使用的表达方式和词汇非常令人反感：符号被无节制地使用，到处都是言下之意。例如，老师从来不会说明他使用括号时的用意和日常生活中完全不同。在这个学科中，括号里的内容具有优先性，而在日常语言中，

"打个括号"是搁置一边的意思。很多学生都在这个简单的"言下之意"上栽了跟头。同样，数学题目总是和学生经历的现实相反，学生理解了已知条件的字面意义，却不理解其价值。这门学科总是充斥着对外行人来说不可理解的行话。学生一旦进入这种恶性循环，就无法把握问题所在了。而且这门课还成了挑选好学生的工具，其价值被吹得神乎其神。

我们必须对前期工作进行整治，因为那里的障碍非常之多。学生由此可以用另一种方式接触问题，分析怎么做以及关于怎么做的固有模式，并列出一张解决方法"检查表"，虽然这上面的方法他们一般都不会使用。这种方式比提倡按部就班的老一套教材有效得多。[1] 学习者在一些空间内思考自己的知识，这些空间增强了他的识别能力，使他最终可以明白老师要求他掌握的东西——这一知识的来龙去脉和创造这一知识的人的历史。

下面以零在算术上的使用为例。这个数字的使用看上去是一个稀松平常的自动行为，没什么特别的，但如果把它放在一定语境下，它就具有了另一种维度。学生将会看到，零的意义总是相对的。比如，把它放在一个数字的右边，在十进制系统中，这会让那个数字的值增加 9 倍。这种意义随着使用的进制系统的改变而改变：在二进制中，它的价值又有所不同了。当我们把这一知识和其他领域联系在一起时，这一模式会变得更加丰富。零并不是只有一种用法。在某个标记系统中，它可以成为判断数值大小的基点（海拔高度，相对温度[2]，绝对温度即绝对零度）。讲述零的发明过程也可以帮助学生进行思考。我们的祖先摸索了很长时间，才找到表现"什么都没有"的方法，因为写出一个"零"还是留下了一种记号。（拉丁语的 zéphiro 是法语中的零 zéro 的前身，意为"什么都没有"、"刮风"。其实法语中所说的"像刮风一样"不就是什么都没有的意思吗？[3]）

我们还可以举出一大堆类似的例子。当一个老师说"水在 100 度沸腾"时，他忽略了他认为可以忽略的参数（压力、海拔、液体的准确成分、实验条件等），而这些参数都会影响沸点（实际上，只有在非常特殊的条件下，水才会在 100 度时沸腾）。

---

[1] 数学老师和科学老师在他们的领域内有很强的能力，但他们所受的教育很学术化，很少有人了解自身所学学科的文化。

[2] 相对温度的标准高于或低于零度（百分温度计上冰融化的温度）。

[3] 法语中的零（zéro）还可以表示空（vide），vide 来自阿拉伯语中表示空的 sifr（"空"这个词和"数字"［chiffre］分享同一个来源）。

在这个例子中，教师"直奔"核心。此外，为了讲解方便，他会很快将各种模型"一带而过"。对于外行人或者医生来说，消化道是身体的内在部分。而生理学家则认为需要引入另一种观念，即"内部环境"，对于他们来说，消化道不属于内部环境，忽视这一点的人就无法理解这个概念的恰当性。

符号化和图式化是对知识进行远观的另两个较高的要求。陷阱无处不在，就像我们刚才举的括号的例子。日常语言不具备限定某一领域的手段，而数学符号则可以做到这一点。相应地，这种特性又导致了局限性。把一个公式插入另一个公式是不可能的，而我们的母语则可以通过插入语和括号实现这一点。如果学习者没有机会用比较的方式去思考这些不同书写方式的结构，他们就会经常掉入这类陷阱。

方法的掌握

元认知在方法的掌握方面也会促进学习。如果掌握不了学习的方法，知识就会变成标签、算法、规矩或是切分开的任务，学习者将无法把他必须学习的要点和更宽泛的原理联系起来。不论是地理课上的调查活动，还是生物课上的观察，或是英语课上对不规则动词的学习，我们都必须显露出学习的步骤，让学习者明白他的行为所带来的后果。

做起来其实很简单，只需要问一问每个学习者"你如何进行学习"就行了，有可能的话还可以研究一下他们的"所言"（他们说了什么）和"所为"（他们真正做了些什么）。学习者会发现，有些人观察的方式和其他人不一样，他们对信息记得更牢，或者对信息的阐释更正确。他会了解到，有好几种不同的策略，而自己只想到了其中一种，所以只是看书、闭着眼重复，是不足以学到知识的。根据需要记住的内容，学习者可以给自己讲一个故事，寻找记忆所需的标记，编织信息之间的联系，把信息和其他自己已经掌握的知识联系起来。他还会发现，同样的词并不总是具有同样的意义，不同的学科对它们的使用也不尽相同，而且各种意义的地位也有好几个不同层次，学习者需制定专门标准来区分它们。

我们还可以对问题和答案之间的联系进行研究。在日常对话中，答案"扑灭"问题。问题只是一个沟通的契机。我们需要试着理解为什么我们会对某些事有疑问，思考那些问题让我们想到了什么。知道如何（向自己）提出"好"问题，在如今这个瞬息万变的时代是最重要的智力工具。正在发生的变化让我们不得不从答案文明过渡到问题文明。确定不变的终极答案已经不复存在了。

因此，与其在教学中大量增加用于解决问题的情境，不如引导学习者自己提出问题。掌握陈述方式并对之加以讨论，将彻底改变学习者和知识的关系。[①] 学习者不得不提出自己的解决方法并反驳其他人的解决方案："我们谈的到底是什么？想表明的是什么？我确信我提出的是对的，理由如下……"他会发现什么是论证，以及他必须用什么样的论据来说服对方，还会发现推理的重要性以及词的确切意义。在高一学年结束时，学生并不总是能意识到数学上的一个假设（它在数学领域是不可违反的教条）在其他科学领域中并不具有同等的地位——在这些领域，它只是被人们选中并加以调整的众多解释中的一种，与此同时，人们还在寻找证据去证实或推翻它。了解词语的多义性就可以避免各式各样的混淆。

总之，不能把一切都归结为技巧问题。学习者必须表现出想象力和批判意识，区分哪一些来自现实，哪一些来自模型，区分哪一些是直觉，哪一些是被指出的，哪一些是被论证的。对某种"真理"的追求，即使是暂时性真理，都可以让人对偏见产生怀疑，从而克服天真的自命真理，创造适当的策略。[②]

学习具有四个维度：认知（对信息的处理）、情感（意图和个人卷入程度）、元认知和社会（人们学习的东西取决于其生活方式和当时的科技水平）。学习者对任务处理的思考越多，就越能找到并修正其中的错误、局限和紊乱，进而很快就能分析正在发生的事件，阐明使用的策略及其恰当性，使最高效的状态得以出现。

如果让一组学生讨论电视、烟草、时髦品牌的商标使用或是他们的班级事务，一开始，所有人都会坚持认为自己提出的观念或生活方式是最好的，随着时间推移，他们的语气会有所缓和，但还是会回到他们的原初观点，避免自己的反应和他们下意识的倾向相悖。

有利于学习的态度

元认知活动应该从早期抓起。我们知道早期知识对人的一生和对日常生活的塑

---

① 学习者会意识到什么是实验程序。将实验程序和法律程序、社会程序或宗教程序进行比较，可以认识到每一种程序都建立在特定的策略之上，以建构"真相"。

② 当下的高等教育抑制了学生的思想，只介绍单一层次的知识，教学中提出的模型变成了唯一的参照，把学生封闭在唯一的看待世界的方式中。

造非常重要。利用教科书与年轻人(特别是大众阶层的年轻人)谈论他们周遭的事物,会把他们局限在学校知识里,这让他们很难触及学习的意义和乐趣。这些陈旧的教学实践让学生在一定程度上失去了学习动机,甚至形成了一种随大流的态度。更糟的是,它们往学生的脑袋里注入了这样一种观念:他们永远不可能左右知识。知识不是他们的,他们不知道知识从何而来,也不知道可以用知识做些什么。他们只能依靠专家,由专家替他们思考。

在幼儿园,这项学习活动可以通过下面这类游戏来开展:"在童话故事里或者在观察动物时,哪些部分是真实的,哪些是想象的?"("在小狮子或者大象巴巴的行为中,哪些是真实的,哪些是想象的?")教师还可以把讨论导向日常物品的价值和使用,例如:"手机是干什么用的?""它让生活更方便吗?""用手机会不会是一种愚蠢的行为?"三岁的孩子就已经对这个问题有自己的小想法了。教师还可以让孩子思考自己行为的价值和后果,例如:"为什么见到女士要说'你好'?""为什么要送生日礼物?""一个好礼物是什么样的?""一年中的什么时候我们要送礼物?为什么?""什么东西可以替代礼物?"

学生关于自我、与他人的关系、与权威的关系或与学校的关系的概念千差万别,特别是那些学习有困难的儿童。在我们组织的课程结束后,经常会听到学生们说:"原来我也会思考啊!""我居然会做事啊!""原来我的想法也有价值啊!"

对于成人而言,研究隐喻、进行类比或角色扮演可以激发思考和想象,比如使用一些超现实主义方法。每一次对学习的思考都会让人们纠正对自我的刻板印象并克服下述二元思维:"我在班上是好学生,我考试成绩很好,我觉得自己很聪明",或者"我失败了,我不聪明,学校真无聊"。

另外,如果我们可以在与学习欲望紧密相联的假想物上下点功夫就更好了。把一块一米宽、十几米长的结实的板放在地上,我们可以轻松地从上面走过,脚不会踏到外面。现在假设这块板架在两栋七层楼房的房顶上,那么只要想到要像杂技演员那样找平衡,人们的惊恐就占了上风。使用假想物是促进学习和启动认知过程的首选方法。

一幅画、一幅海报、一张照片,都会引发人们的假想,这些因素会唤起其他假想物。广告商们深谙此道:他们操控图像和声音以引发人们的购买欲。

和知识的另一种关系

这种元认知实践对我们来说不仅仅是单纯的方法训练,而且是对我们与知识的关系的学习,甚至是对我们与世界的关系的学习。我们的大脑所理解的比我们通常明确表达出来的要多。每个个体都通过创造自己的世界来创造自己,但人们并不总能意识到,他们的能力水平部分取决于他们的投入,他们并不总能感觉到求助某种特殊策略的必要性,而当他们这样做的时候,他们所选择的方法并不总是最适合的,即使方法是恰当的,它也可能效率很低。因为人们对方法的施行不尽如人意,在施行中,对人们在认知上的努力也有很高要求,困难就在于如何从一种局部的、适应某些学习者惯于处理的情境的自动运行,过渡到一种对思想程序更广泛的调用,这一思想程序融入了个体有意识地进行管理的策略之中。学习者可能知道怎么使用比例公式,但要掌握包括比例公式在内的比例理论,还需要迈出一大步。把握前者向后者的过渡、这种过渡带来的益处以及它们之间的关系,可以帮助学习者学习。

显然,这一过程和知识炼制过程不应是同时进行的。当我们在走路的时候,如果想搞清楚自己是怎么走路的,可能就会变得连路都不会走了。这是体育老师犯的经典错误:他们要求学生在滑雪转弯时有意识地把身体重心从一条腿移到另一条腿上去;他们要求学生在进行网球扣杀时注意握拍姿势,一只手对准网球,另一条手臂尽量把球拍"往后甩"。在学习一个动作时,学生是不可能在头脑里辨别出所有这些因素并加以协调的。从下意识动作出发进行教学,将更有价值。

这就是真正的悖论所在。对活动的思考不能像信息学家们所说的那样"实时"进行①,同时,它又不能完全脱离知识的生产。没有了其中一个,另一个便寸步难行,并失去意义。思想无法在内容之外得到表现。

---

① 在任何情况下,对活动进行思考都是困难的,需要一种媒介的协助。对已完成的心智运算的后果有所意识并非易事。即使对于成年人来说,要指出自己在无意识中使用的方法也不容易。教师的作用是最重要的,没有他,元认知很难实现。他可以促进学习者表达和进行整体审视,向他们揭示自身的思维策略。他必须让学习者能回身审视,理解使学习成为可能的东西。

第三部分

学校和文化机构的转变

12. 了解学习者

只有学会了如何学习、如何适应、如何改变,才能了解到,没有任何知识是确定的,只有获取知识的能力可以为其带来可靠安全感的人,才是受过教育的人。

——卡尔·罗歇

《学习的自由》,1976年

关于学习的各种研究尽管有所分歧,但都一致证明了学习者不是一张教师可以在上面写下知识的白纸。所有儿童和成年人都通过自己的先有概念来理解世界、解码信息。不过,先有概念是多种多样的。与学习者个人、其周边的物质环境和社会环境有关的一切都有相应的先有概念。它们是一个人所拥有的分析网格,并赋予他周围的事物以意义。它决定着个体的立场,使其可以作出预测。

例如:戴高乐将军一直支持对女性取消死刑,对男性继续执行死刑。任总统期间,他赦免了所有被判死刑的女性。这一决策令人惊讶,因为根据法国民法典,女性和男性具有同等责任。从他的文字以及由当时的政府部长阿兰·佩雷菲特转述的谈话中,我们可以找到原因。在戴高乐身上有两种互补的先有概念,它们解释了为什么戴高乐会有这样的死刑政策。戴高乐认为:"男人和女人是平等的,但他们绝不会相同。……此外,在女人身上有某种神圣的东西,女人赋予了人类生命。一位母亲不仅仅是一个个体,而且是一个家族。"因此,"要尊重女人身体里孕育的孩子"。此外,他还认为:"那些犯下滔天罪行的罪犯都是用心算计的人。他们权衡着利弊,盘算从罪行中能够得到的好处。……而女人不会算计,她们杀人是出于激情和冲动。威慑对于这类犯人来说不起作用,但对于职业罪犯、阴谋策划者、预谋犯罪的人却发挥着巨大作用。"

"高卢人存在于上帝之前"

勾勒出一个人的思想可以让我们理解他的行为和决定,或者至少大体上可以理解。只有考虑了某人的观点——而且做到这一点可能还不够——我们才有一线机会去说服他、影响他。教育也是如此。了解学习者是一切教育实践不可或缺的出发点。观察、倾听应成为我们新的"条件反射",从而了解孩子和非专业人士思想的细微之处。

我们必须深入到他们的深层思维(即我们所说的先有概念)中去,因为我们要推动的是深层思维的改变,不过要小心混淆和过分简化。一个人所说的、所要的、所做的、所表现出的东西并不是他的先有概念,先有概念是他"头脑里"的东西,换句话说,就是他真正所想的东西以及决定他行为的东西。让我们来解释一下。

"高卢人存在于上帝之前",这句7岁小女孩的话如果只看表层意思,是很让人吃惊的。人们很可能用一种完全错误的方式来阐释这句话,认为这个孩子的意思是高卢人比人们以为的人类开端出现得还要早。其实并非如此,对于这个小女孩来说,上帝等于公元元年。这样一来,她的知识就完全具有了可操作性。由此我们看到,在阐释学习者的回答时要相当审慎,否则阐释错误就会迅速扩散。

同样,我们始终要把学生所说的话置于情境、境脉或其个人经历中。无论是孩子还是成人,在访谈时都会顺着他们所认为的人们对他们的期待进行作答,虽然他们并不了解其中所有的利害关系,但也许正是因为不了解,他们才在自己的备选答案中选择了某一个,而没有选择另一个。

总之,学习者的所言和所为必须始终被置于境脉之中,忘记这一点会导致虚幻、错误的教学法产生。这不仅仅是学校的问题,进行选举时,在选举前表达的观点也同样具有迷惑性,法国的某些政要就在1997年5月的选举中得到了惨痛的教训。在某个特定时刻,表达一种选择和观点是有价值的,但这种表达在某种特定情形下绝不只代表一种感情、一种偏向,在另一项民意调查中、在投票室的私密空间里,这一表达的含义会发生改变。角度、利害关系都可能影响最终的答案。①

①设置某些问题会导致某些类型的答案出现,或者创造出一个全新的答案。

先有概念的作用

为了促进学习,教师或知识传授者需要找到学习者的表述基础,还特别需要将学习者提出的观点或做事方式同他可以调用的其他观点或方法联系起来。这是另一种了解受众的方式,它可以防止我们的了解只停留在表面上。不过,做到这一点并不意味着大功告成。先有概念具有多重维度。

下面还是以我个人的先有概念为例,来解析一下它的组成。坦白说,当我在一个城市里出行的时候,我习惯根据天空中太阳的"路线"来确定自己的位置。自儿时起,我就建立了如下模式:太阳从东方升起,在天空的南部区域移动,在西边落下。根据当时是几点钟,我可以大致确定南方在哪里,从而找到自己要行进的方向。然而,我第一次受邀去澳大利亚做一系列讲座时,却被搞得晕头转向,因为每次我都选择了完全相反的方向。

对此,我给出的第一个解释是,住在澳大利亚时我应该把自己倒过来。一切都是反的!我需要修正我的模式,反过来判断方向。这个新建议虽然在思维层面上还不令人满意,但它能让我找到路了,不过它在地理学层面上还很不完善。我摸索了两天,试着建立一个更精准的观点。我先是利用地图,但没有成功,接着又利用线路图,最后用上了我女儿的充气地球仪。所有这些手段对我来说都是必需的,让我最终能够接受"澳大利亚中午的时候太阳在北边"这个观点。

在智力层面上,这个微不足道的概念转变对我来说十分困难,在情感层面上则更加困难。作为一个土生土长在地中海地区的人,太阳对我来说只可能在南边。经过一番非常曲折的过程,我才到达了理解的彼岸。说服我改变的一个论据是我记忆中在学校学习过的知识——在赤道,中午的时候太阳处在顶点。根据这个记忆,过了赤道,太阳应该在"另一边"。

后来我了解到,帮助我炼制新知识的那个先有概念其实也是错误的。在赤道,一年中只有两天的时间太阳在正午时分处于顶点,其他时候,它的直射点都是在南北回归线之间移动。

学习就是对先有概念进行运算

通过上述例子我们可以看到,创造概念其实是人们寻求解释的一种企图。人总是努力去制造一种意义,以对自己提出的问题进行解答。就我而言,这个问题是非常具体的——我要完成一项任务:在一个空间里找到方向,但有时,这个问题可能是非常隐蔽的,学习者无法将它用言语表达出来,它隐藏在一种"有什么事不对劲"的混沌感觉里。把这个问题厘清,能够促进学习者的学习。

事实上,这种厘清与学习是同时发生的。在答案炼制的同时,我们也在阐明问题。从这里我们也可以看到,只有有了推理,概念才会存在,这种推理建立了个人文化中各个因素之间的联系。在教学法术语中,这种个人文化被称作"参照框架"。在上例中,我的概念涉及与太阳有关的一些信息、太阳在一天之中的运行轨迹、借助方位基点进行的空间定位,以及我们对一天之中时间变化的认识等。借助所有这些参照,个体将建立各种联系,制造出新意义。它可能是很简单的一些联系,例如"中午的太阳指示南方",至少习惯上是这样认为的;或者是一些推论,"如果太阳往这个方向运动,那里就是西边";最后是归纳,"虽然中午的时候太阳在北边,鉴于地球的自转,它还是应该在西边落下"。新的意义就从这些各式各样的心智运算中出现了。

大体上,我们可以认为意义产生于由推理引发的一系列互动,这些推理以一系列参照为基础,借助个人使用的词汇、心智图式或视觉图式。在我的这个例子中,出现了一种新的联系网络来支持"正午的太阳指示北方"这个观点,这是为了完成一项任务,即辨别方位。此外,为了学习,我们还要作好改变自身先有概念的准备。

就我而言,我已经作好了完全推翻我头脑中那些地理标记的准备。我希望按照习惯的方式找到方向,头脑中即时出现的"脑袋向下"模式证明了这一点。情况并非总是如此,我们会遇到大量障碍——动机问题或关联问题、沮丧、对新事物的恐惧、失去个体认知平衡的风险、丧失自信等,在此不再赘述。[1]

先有概念不仅仅是图像

在空间定位这个例子中,我们可以很清楚地看到,对先有概念的修改远不像对图像进行操控那么简单。此外,我们还可以把障碍孤立起来,让那些"思维辅助工具"帮助我们制造知识。

同时我们还会看到,人们使用的词汇非常能说明问题,它能够促进或阻碍人们的

---

[1] 参见第 7 章、第 8 章。

学习。我仍然使用"升起"、"落下"这样的词来形容太阳,虽然我知道事实并非如此。地球的自转和公转是一个基本的文化知识。我还没有在地球标记的管理中完成过渡,我使用的词汇说明了这一点。词汇和我们调用的其他象征形式一样,都是先有概念的组成部分。词的选择、句子的制造、图式的组织都促进或阻碍着概念的生产和对概念的"操纵"。一个旧有模式,比如本例中日常用语所暗示的"太阳围着地球转",比科学模式更易于使用。在这个例子中我们可以看到,改变自己的标记,不论是从本义上的还是从抽象意义上,都是非常困难的。教师、教材编写者、展览组织者也都不例外。①他们经常用"因为夏天的时候地球离太阳更近"来解释为什么夏天更热。这一点可以通过地球围绕太阳的公转轨迹图来说明和论证。然而这种说明具有欺骗性。地球公转的轨迹几乎是一个圆形②,但通过透视法画出来的轨迹图却夸大了其长、短轴的差距。不过,用一个简单的问题便足以让这些人相信他们的概念是不成立的:我们这里很热的时候,为什么在南半球却很冷呢?

通过这个例子,我们还可以看到推理和参照框架各自的地位,以及它们的负面效应。再举另一个例子可以让我们更具体地了解这些负面效应。今天,所有欧洲的孩子都知道"小婴儿在妈妈的肚子里长大"。这一概念在学生的头脑里自然促生了以下观点:"在妈妈肚子里的婴儿是活的。"既然他是活的,那么他就需要吃和呼吸。因此,当老师让学生评述婴儿出生前的生活时,他得到的解释是:有一根"管子",一头连着婴儿的嘴或肚脐,一头连着妈妈的嘴。③

在这个例子里,参照框架发挥了作用,导致一种特殊概念的产生。对于一个孩子来说,"吃"意味着吸收"固体食物"。喝不是吃,除了喝奶的婴儿。婴儿怎么能在身体内部吃到固体食物呢?孩子掌握的其他知识和他运用的推理直接带来了答案:"一根管子。"论证完毕。这根管子通向妈妈的嘴,或者还有另外的版本(来自那些大一点的孩子)——这根管子直接通到妈妈的胃或乳房。同样地,对于一个孩子来说,呼吸不可能"像煤气那样"被输送,这时,一根简单的管子就又可以发挥作用了。这一次,这根管子通向妈妈的嘴或肺,以获取空气。同样的参照框架长期阻碍了学生去接受"空气可

---

① 对标记的了解是一个非常棘手的问题,遗憾的是,相关研究并不多见。顺便说一句,30%到40%的教师认为,在我们所处的纬度上,中午的太阳位于头顶。90%的教师对于标记的转换毫无概念,但这其实是高一应教授的内容。

② 实际上是一个椭圆,但长轴和短轴的差距小于3%,可以被忽略。

③ 这种管道经常被称作"医疗带",婴儿的出生经常被看作医疗行为。

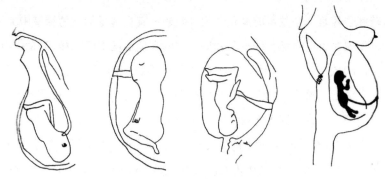

图7　7—9岁儿童眼中婴儿如何呼吸

（来源：日内瓦大学科学认识论与教学实验室）

以溶解在血液里进行运送"的观念。

　　还有另一种解决办法，仍然是在同样的参照框架下产生的，即有一根"穿过妈妈的肚脐"直接通到外面的管子。这一次，潜水时使用的呼吸管变成了参照物。有些孩子的推论更加简单，他们认为阴道（或子宫）是直接向外敞开的。对于所有孩子来说，管道是一种原理非常简单的解释系统。因此，他们不断地采用这一系统。他们还借助这个系统来解释尿液的排泄：一根导管从胃部或肠子通向肾。这个参照物过于简单且经常出现，每一次都会造成一个错误概念。①

　　人体从来不是可以用简单化的解决方法来处理的。教师必须对"管道"这个观念进行探讨，让学生炼制出更恰当的知识。另外插一句，人们从来不会用管道来解释精子的制造，但精子的确是睾丸里大量管道中的细胞制造出来的。男性的生殖腺拥有约250米长的管道，精子就在里面发育、成熟。我们其实都是管道的孩子，但我们无法想象这一现象，这令人无法接受，也许因为它违背了我们赋予自己的某种自尊观念。

落实策略

　　解码新信息或将新信息整合到自身概念中是十分困难的，这一点并不让人吃惊。要理解新事物，必须在相关领域内拥有一个成形的参照框架，还必须能够对这一框架

---

① 管道总被认为是一种空心管。在这种参照框架下，学生很难理解肾的生理机能：一根管道可以运输，但不可以过滤、分泌，更不可能生产。

进行操作，让意义浮现出来。在此之前，学习者必须能够提取自己记忆中的东西。不过他需要的参照物可能被安排在了另一个层面。是否能将参照物提取出来，取决于思维的可支配度以及学习者掌握的运算能力。[①] 因此，在了解参照框架的同时，还要更好地了解学习者的推理形式，后者会通过知识炼制过程促使学习者做出某些行为。在物理课上，如果公式中有一个 10^{23}，10^6 就可以被忽略。学生们很难接受这种操作，他们会觉得"一百万是很大的数目"，因而无法轻易说服自己弃之不顾。同样，公众倾向于用绝对概念进行推理，如"好与坏"、"美与丑"、"热与冷"、"对与错"，因此，一个知识不是对的就是错的。带有一定程度的不确定性的推理——如"60％的可能是正确的"——是很少见的，[②]即使在知识分子阶层也是如此。大多数人还会用因果律进行推理。

　　然而，要理解环境问题和健康问题，必须考虑多重因果关系，并要考虑其中相当多的不确定性。许多专家仍在忽视相对性、规模以及有效信息等概念。多重因果关系或控制论的概念——即结果会对原因产生反馈作用——还不为人们所熟知，即使是在专家阶层中。

　　还是这些人，他们凭直觉认为在因果之间有某种正相关关系，于是他们自然地得出结论："更多一定更好。"最佳值这种概念在大众中鲜有支持者。那些给自己的花草打杀虫剂的人总是忍不住使用比说明书中的规定更多的量（然后惊讶地发现叶子被烧坏了）。至于病人，他们服药时总要比处方上写的量多吃一粒。厨师总要在配方里多放点防腐剂。每一次人们都会惊讶于他们的操作没有达到预期效果或是达到了反效果，但却从来不去想为什么。

先有概念和范式

　　先有概念不仅关系到观念、词汇和推理方式的变化，在更大的视角下，它还关系到一种范式。范式是制造意义的一种特殊方式，几乎可以被看作一个时代和社会的特征，而它总是隐藏在先有概念的下面。人类的观念史特别能说明这一点。例如，19 世纪的科学建立在一种极端的自然决定论之上。19 世纪中叶，法国生理学家克洛德·

---

① 这些信息的质量和新信息处理的难度成正比。学习就是通过改变新信息来进行的。
② 这个方面还没有被纳入数学教学大纲中，但它却是根本性的。

贝尔纳宣称："不论是在生物还是矿物中，一切现象的存在条件都以绝对的方式被确定。"他当时斗争的对象是生机论，这种理论认为存在一种独立于物质之外的生命力。

决定论思想大大推动了生理学的发展，但和所有工具一样，这一模型在今天暴露出许多局限。为了进一步发展，研究者们不得不转换思路，他们开始认识到，一些现象的出现是具有偶然性的。混沌理论，更确切地说应是动态系统理论，便从中获益。

学习不仅仅是改变一种特定的推理，观念的转变和认识论方面的变化是并行的。要想改变，就必须经常修正自己"看世界"的方式、对世界提问的方式以及面对随之出现的问题的方式。在教育行为中，这些因素都需要被了解并得到重视。

例如，小孩子的推理非常依赖于一种以感官为核心的形象思维形式。他们在理解一种事物时，需要闻，需要摸，需要看到直观的效果。在这一点上，教师的教学方式往往太过抽象和理论化，离学生太远，至少在效果呈现上是如此，这让学生怎么进入那些与他们的生活格格不入的学校学习活动中去呢？青少年的推理方式依然是非常直观的，他们不会或是很难考虑到未来。

再以吸烟为例。人们试图用死亡率的增加——吸烟会使患癌的风险增加40%——来劝说青少年不要吸烟，但所有这些并不能"打动"他们。当下的快乐、媒体塑造的香烟品牌形象对他们的影响要大得多。即使最新的一些证据表明癌症的发病年龄越来越小，他们也不为所动。他们觉得三十五岁已经是老人了！

在经济领域，对范式的研究是很有价值的。传统经济模式建立在"人的行为具有理性"这一假设之上，然而现在的经验性研究表明，金融决策受非理性因素的影响更大。投资者和学习者一样，他们记住的论据都是那些他们想听的信息，同时忽略了其他信息。最近的信息或是报道最多的信息——因为报纸给这些信息画上了漂亮的柱状图——将占据上风。此外，投资者的行为很像玩轮盘的人。如果连续十次开出黑，出于补偿心理，他们就会压红，认为红色出现的概率更大。

股市在上涨一段时间之后必然会下跌，如果上涨的时间很长或是幅度很大，则会跌得更厉害。在投资方面也有类似现象，在人们下意识的决策中，周末是个不可忽视的因素，大家会建议你在周一买股票，只有这一天价格最低，如果要卖出，则最好是在周五。总之，看似来源不同的信息被主观地一致化，强化了个人自信，而其信息来源的可靠性和独立性其实并没有得到验证，同时，来自其他来源、与个人想法不一致的信息则都被排除在考虑范围之外。

先有概念的整体性

当教育必须回应社会变革时,先有概念的"范式"因素就显得尤为重要了。例如,"偶然性"总是会带来概念难题,使西方思想出现断裂。它很难被人们接受,因为它与上文所提到的决定论相抵触。因此,当20世纪初量子物理提出偶然性的"统计"作用以及很多其他具有颠覆性的东西(如同时了解一个粒子的质量、位置和速度是不可能的)时,那帮科学家们群情激愤,爱因斯坦就是在那时提出了他的著名论断——"上帝是不会掷骰子的",用以驳斥这种研究路径。然而其后,随着量子物理显现出预言和解释上的可能性,人们不得不承认了它。

不过,我们的头脑并没有完全接受偶然性。同样,"一个不确定的事件有某种实现的概率"这种观点远没有被大多数人所接受。如果我们的同胞意识到他们赢得赌局的机会非常之小,他们还会去赌吗? 仅仅了解到风险的存在是不足以说服人放弃的。我们都知道坐汽车的危险要远远高于坐飞机,但对飞行的恐惧却根深蒂固:我们对汽车非常熟悉,但飞机这么沉重的机器怎么能像轻盈的鸟一样飞起来呢? 而且人们似乎都以为单靠自己就能从汽车事故里脱身。

个体对风险的感受是非常微妙的,它和科学计算毫无关系。我们的实验室进行过一项调查,结果表明,对风险的感知取决于后果的残酷程度、冒风险的人数、个体的认识深度以及媒体塑造的形象。例如:艾滋病造成的死亡被明显夸大,而吸烟导致的疾病和血管疾病的死亡率却被低估了10个百分点。人们对罕见的重大灾难事件(如水灾、谋杀)的防护多于应对日常危险所实施的保护。人们对交通事故和家庭事故态度超然,但其实,它们造成的死亡人数非常之多。

先有概念,一种适应策略

经过思考,概念成了适应策略。对于调用这一概念的个体来说,该概念与境脉形成了一种内在一致性,使个体的行为具有一定的恰当性。我们可以很清楚地看到为什么不能简单地无视或摧毁这些先有概念。学习者必须在各个维度上掌握先有概念,努力寻找其意义,只有这样,整个学习过程才能够有效推进。

我们来回顾一下第6章提出的观点。老师提出的问题以学习者的需要为依据,具有足够的开放性,能够引起学习者了解的欲望,但又不会让他无从下手,要充分借助学习者已经知道的东西,因为他的参照框架不会是完全无用的。一些教育学家建议从日常生活中的问题出发,引发学生兴趣,使学生能够依托已经掌握的知识进行学习。

这种选择是可行的,但实际操作却往往过于死板。老师眼中的日常生活问题对于学生来说未必如此。引起学生兴趣的方法很复杂。还有一些教育学家把赌注压在问题解决方法上,但绕的弯往往更多。要接受"宇宙的发展轨迹不完全是必然的",我们必须认识到,自然的运行就像一场足球赛,虽然游戏规则是确定的,但当好几个球员一起抢球时,结果就不可预测了,一个很小的细节都会影响事件的后续。

规则可能会相互抵触,因为它们之间相互影响。即使了解了所有规则,我们还是不能事先确定将要发生的事。所有这些事都会改变我们的习惯性认知。此外,先有概念构成了个体的认知平衡,甚至是基本的安全感,个体会觉得所有的质疑都在破坏其内在的稳定状态,因此会不由自主地回避质疑。然而学习就是以此为代价的。

13. 认识学习

把人与社会分开,就等于把他的大脑剥除。

——亨利·瓦龙
《好动儿童》,1925 年

学习所涉及的因素既多又复杂,使得学习过程不可能是线性的,也不可能是积累性的。在冰上滑行的人都不会直线前进,而是一只脚滑一下,另一只脚再滑一下。滑冰者每次都会前进,但并不是直接朝着希望的方向而去:他的瞬间轨迹和目标线路约成 45 度角,先是在这一侧,接着在另一侧。此外,他始终处在不平衡的状态中。滑冰者利用相对较薄的冰刀滑行,他的脚用力往冰面上一踩,冰刀就会向后滑。经过练习,初学者很快就会发现,自己每一步都会让身体失衡,但很快又可以调整回来。没有别的办法,只有这种动态平衡才能让他保持站立并前进。

帆板模式

另一个比喻可以让我们理解人是如何炼制知识的。让我们以在海浪中航行的帆板(用来代表学习者掌握的工具)为例:它的目标是一个浮标(要获得的知识),当然,我们需要风(新信息),从前面吹来的风。如果航行者希望沿直线航行到浮标那里,那他只会白费力气。他必须借着风曲折前进。

这就是学习者的处境,他必须炼制一个知识,但这一知识在大多数时候和他所想的并不一致。他必须借用自己的先有概念,尽管它们很不稳定。从这里我们可以看到,知识的炼制来自收集到的信息和学习者先有概念之间的互动,正如帆板要借助风、板和板的偏移才能前进(如果要模拟学习者遇到的困难,我们可以让海面变得波涛汹涌)。

学生就和玩帆板的人一样,必须"曲折航行"。科学史上有很多例子证实了这种观点。例如受精理论,它先后受到预成形理论(该理论认为婴儿在父母一方的体内已经事先成形)和后成形理论(婴儿是父母双方共同施加影响的产物)的启发,随着时代的发展,这两种理论轮流占据上风,每一次都促使人们进一步了解受精。

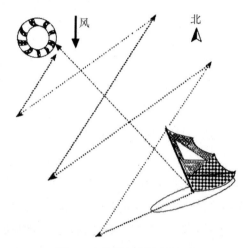

图 8 变构模型和帆板比喻

在光学理论中,知识摇摆于微粒说(光是由无穷小的微粒组成的)和波动说(光和波的运行方式相同)之间。现代理论把上述两种相反的假设进行了巧妙的结合。我们对学习者的学习过程所作的大量调查证实了这种观点。

提炼出一种组织

学习需要灵活性以及对心智策略的使用。在完成具体任务时,学习者需要调动很多程序:论证、记录、建构、预测或作决定。在此过程中,他们都受制于某一地或某一时代的文化。

顺便插一句,面对要克服的困难,法国人会一个一个地解决,而比利时人可能会说:"让我们来看看什么是可以做的,其他的以后再说。"瑞士人则会从一开始就逃避所有问题:"不存在什么火烧眉毛的事。"然后他会不紧不慢地从别人的错误中吸取教训。

让我们再重申一次,唯一有效的学习方式是不存在的。每个人都有自己特定的学习路径。先有概念的转变是一个个性化过程,幸好对于教师来说,其中还是有一些共性可以加以总结。

例如，最成功的人是那些知道如何组织自己观点的人。当我们请一个初学者介绍他所学的地理学知识或经济学知识时，我们顶多能得到不完整的、分散的信息的枚举。面对同样的问题，内行人则会把信息集中在一个一致的、有理有据的网络之中。如果我们提供一个关于失业的补充信息，初学者只会简单地把它添加到已有信息里，而行家则会立刻把它和国内生产总值、对外贸易差以及企业投资水平联系起来。

人们越是对这一个性化过程有所意识，它就越能"带来好处"。让每个学习者了解其自身与知识的关系是教学时不可忽视的一个参量。当老师要求学习者说出"学习意味着什么"的时候，后者能学得更好。同样地，对认知策略进行思考并设置情境来检测这些策略，能够促进它们的迁移。①

学习者必须能够在他的观点和推理显现出局限或错误时承认这些局限和错误，并选择其他更合适的策略，评估它们的贡献。意识到自己的学习方法、记忆能力，控制自己的行为以更好地利用它们，这些都是成功学习的组成部分。

学习，一个复杂的过程

阅读前面那些章节时，我们感受到学习并不容易掌握。学习能力由一整套因素构成，包含多个维度。要挖掘这种潜能，我们必须接受教学传统和心理模式的双重挑战。

不过，当一个领域非常抗拒被研究时，当务之急便是要追问其基础范式。目前，我们必须走出认知主义的死胡同，即认为一个个体（被称作"主体"）应该独自面对一个研究"客体"。从一开始，这种关系就应被置于社会境脉之中，境脉赋予其意义。机构、环境、工具、资源以及它们之间的互动促进或压制着学习，这一切构成了学习的原材料。同时，学习是人脑"工作"的结果，人脑决定着学习的可能性和局限，所以在描述学习时，要始终把它和支撑它的神经元、神经递质联系起来。此外，学习是如此复杂，不能被简化为某个单一模式。

认为物理—化学领域中神经元研究的进展有朝一日会让人们深入了解人的心理机制，是一种自欺欺人的幻想。人们不可能从氢原子和氧原子的特性推断出水分

---

① 参见第 6 章。

子的特性。在一个组织健全的系统里,整体"大于"部分之和(至少它是与"部分之和"不同的东西)。各个部分的互动会导致新特性出现。学校、教师、学习者、脑、神经元、突触并不是彼此独立的层级。像传统学科那样一味坚持解析式研究,只会让人走入死胡同。

过于细致的切分会改变研究对象的性质。仅了解神经元的运行、信息处理或表征就想理解学习,几乎是不可能的。同样,认知主义者不可能在实验室里制定出一套学习操作模式。在实验情境下使用的认知机制和在日常生活中调用的认知机制并不相同。这种人工情境会诱发个体平常并不采用的行为方式。

如果研究者更专注于研究对测试环境的适应而不是学习本身,那么他可能会误入歧途。情境的意义来自学习者赋予它的价值,而不取决于由一群用某种固有的认识论进行论述的专家制定的外在理论框架。

为了克服这种缺陷,我们提倡的研究方法位于人脑特性、学习者思维系统的局限性、教育情境和文化情境所提供的可能性的交叉点上。这种研究还是一种横向研究,汇集了各个传统学科,包括认知科学、神经科学、计算机科学,并把这些学科作为参照对象,聚焦于有关学习的特定问题上,当然,这种研究方法目前尚不成熟。

这种研究包括四个维度。首先是生物学维度,因为学习能力构成了神经系统的组织活动,是一种同态调节机能。它的目的在于保持活体系统的身份,对它进行必要的改变,使之适应(达到最佳状态或留存下来),这一身份通过自己的内在组成结构与内部信息的对质找到平衡。

不过,虽然人的神经系统提供了学习的生理基础,但个体的学习模式取决于他特有的经验以及他与自己生活于其中的社会、文化的接触。另两个维度是认知和社会文化。学习是一种意义转变,同时也是个体对复杂的自然、文化环境的融入。人获取知识(或创造知识)是为了在一个社会群体中(家庭、企业、协会、社区)实现自己的规划。

最后是意向维度。人们只会学习那些触动自己或吸引自己的东西。日常生活中,每个人都会注意到情绪、欲望、投入、想象在学习行为中的重要性。

这四个维度相互协调,构成了三个研究层面。例如,情感问题(意向性问题)和个体的元认知存在意义相关,而后者又是在一定的社会境脉下形成并获得意义的(这就是炼制)。对这些因素分别进行研究不能让我们理解学习和个体之间的关系,只有对学习进行多维度的系统研究,我们才有一线成功的可能。

学习,一种矛盾现象

从本质上来说,学习是具有矛盾性的。例如,神经生物学指出,神经系统具有很强的可塑性,而教学法专家和认知科学家则发现,人类思维对于改变或重新塑造概念有着令人难以置信的抗拒性。这并没有什么好让人吃惊的,因为先有概念构成了人的认知平衡。质疑总是会破坏稳定,大多数情况下人们都会对其敬而远之。在学习活动中被调用的先有概念既可用来整合新信息,也会对所有违背当前解释系统的信息进行激烈抵抗。这种抵抗并不是学习者所特有的。在学者身上,这种机制同样有所体现。人类思想史就证明了这一点。新观念从未通过论战取得胜利,而是等到旧概念的维护者都死光后才获得自己应有的地位。学习要求我们必须突破激烈的对抗,其实对峙双方并非水火不容。它们的相遇会产生对立的张力,但我们不能把此二者分开,那样会破坏其中精妙的动态机制,甚至可能造成严重后果。教育必须同时考虑此二者,把这两端紧密联系起来,其结果有百益而无一害。从学习中浮现的东西正是此二者互动的产物。

生理学家对这种现象并不陌生,因为生命的存在始终都要依靠对立的张力。这种张力并不会造成两败俱伤,反而会催生出生命。我们之所以能够站直,能够移动四肢,是因为肌肉在以对抗的方式运动。

当然,更确切地说,这些对立并不是绝对的。肌肉永远不会出现张力相反或过大进而产生抽搐的情况,就像我们在日常生活中体验过的那样。其中的秘诀在于机体用以平衡这些对立的调节机制,它使做动作成为可能。这种调节机制使新潜能得以出现。

这些对抗的张力同样也存在于一些很复杂的过程中,如血液循环的调节、人体温度的调节、人体的水平衡等①。说话也是同一种机制的作用结果,因此,在学习中发挥作用的是同样的原则并不令人惊奇。

学生不可能在头脑中"复印"知识。他必须从他的基础出发,使用他已经掌握的知识。大多数时候,和先有概念产生冲突对于超越这些概念所带来的局限是必需的。这

---

① 在血液循环中,有两套系统作用于心脏。一套是交感神经系统,它会增加心脏跳动的频率或强度;另一套是副交感神经系统,它会降低心跳频率,减弱心跳强度。

里我们遇到的是之前提过的极端悖论："用学习者的先有概念来反对它。"要理解光合作用这种非常特殊的植物营养模式，学生必须借助他对这一现象的习惯性概念，即植物"从土地里获取养分"。他不可能有别的想法。他所参照的概念帮助他解析现实，让他认为一株活的植物必须吸取养分，如果不是从土里，那它又从哪里获得养分呢？人们不都是往土里施肥浇水吗？这里有很多障碍需要跨越。

植物只从土壤里吸收水和矿物盐，特定营养的主要成分（二氧化碳和光）都是通过暴露在空气中的叶子获取的。为了"消化"这一概念，学生必须同过去对养分的观点、对二氧化碳和光的观点决裂，必须承认养分不一定是"固体"（气体也可以是养分），不一定要通过嘴巴摄取，二氧化碳不一定是有害的，光不是一种"补品"或"维他命"，但它能带来能量，这种能量会被储藏起来（储藏在根部、块茎、果实等部位），或被植物用于满足自身的能量需求。

通过这个例子，我们可以清楚地看到学习中隐藏的所有困难。要想成功学习，仅获得一个简单的信息是不够的，信息只有在一个"精心编织"的知识网络里才具有意义，"就事论事"是有局限性的。

辛好，知识会抗拒这种表面真理和自命真理的诱惑，在各种互动的汇聚中一步步优化自己，从而获得进步。个体从一种平衡过渡到另一种平衡时，他的整个意义系统也都在发生变化。我们在上文曾经提到，新的整体平衡的形成包括多种操作，从而将对立信息纳入自身的理性系统之中。一些调节机制会进入这一系统。学习是个体的知识炼制过程，他将新信息和调用的先有概念进行对质，制造出新的意义，正如我们之前提到过的，这些意义能够更好地回答他的疑问。改变以一种不连续的方式在不断的失衡中进行，这种失衡有可能导致认同危机，因为一个人可能通过自己的行为认识自身。理解一种新模式后，心智结构就会完全改变，提问框架被重塑，参照框架也会在很大程度上被重新炼制。

当一个人从孟德尔遗传学领域进入种群遗传学领域，他面对的就不再是同一类问题了。同样，当人们从物质的宏观视角转而研究原子、分子理论或量子理论，所探讨的问题也不再具有类比性了。当另一种结构在个体看来更能有效解决引发当前学习过程的问题时，它就会稳定下来。当新的平衡建立后，先有概念的转变就变得容易了。另一种更恰当的运行模式建立起来后，个体可以对它的操作性进行测试。新知识的炼制不一定要通过摧毁先有概念来实现，大多数情况下，这是一种抵消和替代，不同的阐述可以并存。

认知经验形成后,并不是被简单地储存起来,它必须可以随时被调用,并经常处于调用状态。我们已经看到,大脑总是在不断地粉碎记忆,不断地对记忆进行重组。这种组织方式反过来会影响接触新情境的方式。[1] 所有这些过程根据认知内容的不同而有所不同。它们要经历修正阶段,以及被调用的先有概念和被过滤的信息之间进行转化的阶段。

在每一个节点上都会出现干扰,特别是当信息过于庞杂、过于接近或差别过于细微时。在有关光合作用的知识中,学生必须把注意力从根部转移到叶子的作用上,但也不能完全忽视根部,因为根部对于水分的吸收、矿物盐的吸收甚至二氧化碳的吸收(也许这个问题还没有一个科学的定论)都是必不可少的。

多重研究方法

显而易见,学习是悖论的乐土。我们在上文提到的悖论并不是唯一的。因此,学习者在炼制知识时必须进行至少两种信息处理。第一种尊崇笛卡尔的思路,是分析式的、线性的,符合传统的学校教育方法,即把一个问题拆解成几个部分,再对每个部分作进一步细分,然后分别对它们进行处理。这种方法对于澄清问题、明确其构成因素是不可或缺的,但仅仅停留在这一步显然是不够的,我们需要把各部分一一和"整体"联系起来,这是问题的关键所在,研究结果由此才能在背景中被准确定位。

第二种形式是整体性的(我倾向于使用"系统性方法"的说法,因为每个已知条件都要被整合到系统中去),与上一种方法形成互补。我们要特别强调这一方面,因为在一般实践中,这个阶段几乎是被完全遮蔽的。当然,一些现代教育学家已经对此有所觉察,但他们掉入了一个新陷阱,认为这个阶段是单独运作的。

这两个阶段既是互补的,又是对立的。行家会很自然地把遇到的每一个点都和问题的整体联系起来,但初学者却不会,他不理解眼前的例子和整体结构之间的关系。例如,对于基因学上的"交换"研究(即染色体断片的交换),如果按照现在的方式教学,学生会感到非常无趣,只有把这种技术放在基因图的绘制中,它才具有意义。在地理课上确认某一个地方的经纬度或海拔、计算距离或面积,这一切只有在对空间有一定

---

[1] 我们掌握的处理各式各样信息的恰当程序越多,就越能够把资源用于情境阐释。学习者必须掌握多种应对环境的方法,根据情境和内容(现有条件)的不同,用不同的方式使用这些方法。情境越是不适宜,越是会破坏稳定,越是特殊,学习者就越有可能采用低于其潜能水平的行为方式。

认识的条件下才有意义。引导学生对建立模型感兴趣,有利于学习的进行。

乐趣和努力

列出各种各样的悖论是很容易的,我们已经提到了其中几个。对所有悖论都应加以考虑,因为它们总会引起学习上的停滞。个体需要从学习中获得一定的乐趣,但必须承认,学习总是需要付出努力的。自己做主的感觉非常重要,特别是在实施一项长远计划时。在这一过程中,每个节点都可能遇到一些阻碍,因而获得即时满足显得很重要。人们要始终对自己的知识水平抱有怀疑或质疑的态度,但也必须对自己有一定的自信。

这里我们还要再提一个悖论:学习使人们可以适应环境、他人和社会,但这种潜力必须处于开放的状态,否则知识就会凝结。学习是繁重的、累人的,甚至会造成创伤,这都不足为奇。大多数情况下,学习者必须放弃之前的思维模式。

14. 设置教学环境

看到现代教育方法还没有完全扼杀健康的思想上的好奇心，真是一个奇迹。

这株娇弱的植物除了需要鼓励，还特别需要自由，

没有了自由，它就会发黄、枯萎。

——爱因斯坦

《1916—1955 年通信集》，1972 年

如果还需要证明一下学习不可能一蹴而就，我们用几个简单的例子就可以轻松地说明。掌握一个词的各种意义就是一种很能说明问题的学习。例如 mine（矿）这个词看上去没什么问题，第一眼看上去，它的意思就像拉鲁斯词典上写的："在地上挖的用来采矿石的洞。"

根据罗贝尔词典系列中某一部的说法[1]，词源学家认为高卢词 meina（意为矿石）是 mine 的词源，这也没什么稀奇。通过换喻，这个词也可以用在行政、社会和商业方面。矿工（mineur）可以是在铁矿、铜矿、煤矿工作的人，也可以是在盐矿工作的人，而所谓的矿业工程师（ingénieur des mines），则是指法国高等矿业学院（l'Ecole des Mines）的毕业生（在高等矿业学院的校名中，"mine"一词的首字母被大写，这种现象也耐人寻味）。

上面这些还不能穷尽它的各种词义。我们可以把这些词义分开处理，也可以反过来，把它们置于背景之中，直接进入这个词的历史。怎样解释 mine 这个词在军事上的另一种用法呢（mine 还有坑道、地雷、炸药的意思）？要理解其根源，必须知道，地下有坑道（la mine）的地带叫作"坑道区"（espace miné），因为它有塌陷的可能。这种战术进一步发展，军队开始在城墙下"挖坑道"（miner），通过破坏城墙根基来使城墙倒塌，后

---

[1] 阿兰·雷伊主编，《法语历史词典》，罗贝尔出版社，1992 年。

来又发展到使用炸药。

第一次世界大战期间，浮雷（mine flottante）和扫雷器（drague mine）得到迅速发展。在第二次世界大战期间出现了反坦克地雷（mine antichar）和反步兵地雷（mine antipersonnel）。mine 一词的发展史很具启发意义，那么怎样来理解常用词组 une mine de savoir（知识宝矿）呢？这需要我们去了解另一段历史。

到了这里，我们仍没能了解 mine 的全部意义。在古法语中，mine 直接替代了现代法语中的 minerai（矿石），在 mine de crayon（铅笔芯）一词中还可以看到这种用法。不过，faire triste mine（愁眉不展）、faire grise mine（愁眉苦脸）、avoir bonne mine（气色很好）、ne pas payer de mine（其貌不扬）等词组又是什么意思呢？为了说明这种差异，学者们在布列塔尼语中找到了 mine 的另一个词源 min，意思是动物的吻部、喙部。mine 还可以作为容量单位（约合 78 升），minot 一词就由它派生而来，表示半 mine 的容量，幸好这层意思已经被大家忘记了！

学习的各种层次

学习实在是一项困难的任务，为了更清楚地对它进行解释，我们把它分为三个层次。当人们记住一些事实信息时，发挥作用的是第一层次，我们称之为"信息获取"。它指的是像我们从报纸上了解到一些信息这样的简单活动。学习者在自身思维结构和新信息之间建立了联系，这些新信息仅仅是丰富了他的知识，而且这种作用往往很短暂。学习者需要运用思维能力对这些信息进行解析。在这个层次上，具有吸引力且精心组织的直面教学法是适用的，但可能也正是因此而产生了一些混淆。单用建构主义模型就能很好地解释第二个层次。通过皮亚杰的理论，我们可以知道，在前面的例子中，mine 这个词的意义是如何同化新信息的，以及心智结构是如何反过来顺应这些新信息的。学习者意识到，一个词可能具有多重含义，而他面对的只是其中之一。他还会理解，这个词的发展史可以解释它的多种意义以及这些意义的演变。

在这种情况下，心智结构准备好了去接受新信息和作出改变，但在大多数基础学习中，情况并非如此。我们要再次强调，必须抛弃原先看问题的方式才能炼制一种新的看问题的方式，所以要进行的认知操作是与之前完全不同的。思维不再是通过不断增加事实信息而得到发展，它首先要做的是淘汰，这不再是一种简单的发展。借助前文曾提到过的变形这个比喻①，能让我们更好地理解这种现象。学习就是由一个概念向另一个概念的过渡。

面对新情境或新信息，学习者会犹豫不决、不知所措。正在发挥作用的先有概念，也就是帮助他理解新情况的先有概念，在他看来显得片面、有局限性，不再经得起推敲。学习者由此进入了第三层次——"失稳阶段"。借助一系列活动和信息补充，学习者炼制出了一种更恰当的概念。

失稳

建构主义模式经常被提及，但它把问题简化了，需要进一步对其加以细化。失稳从来不是立刻表现出来的。它是间断发生的，可以持续很长时间。概念的炼制需要经历多个阶段。学习者会接连提出多个近似观点，并逐步求证。这一过程中会出现大量的倒退、死胡同、错误线索。此外，个体绝不会轻易放弃之前的知识，失稳不会导致个体形成系统性的反驳。换句话说，一个新概念不会自动取代旧概念的位置，但它会紧贴着旧概念，然后两者在人们的眼皮底下共存。

因此，非洲的大学生们为了通过考试，可以熟练地掌握某个医学知识，但回到部落后，他们还是会使用护身符。学习活动中最具矛盾性的一点是：个体是通过他的先有概念来炼制新概念的。

所有人的行为都与其思维方式一致。一个人的不足、错误、阻滞都来自他所使用的心智模式的缺陷，但他只能如此行事，因为这是他掌握的唯一的智力工具、唯一的解读现实的网格，他依此对环境进行分析，作出决定。就像昆虫的变形，这是某个物质本身以不同的方式重新进行组织。当另一个知识因其更具功能性而占据学习者的头脑时，学习者会抛弃他的先有概念。此外，他还必须感受到新知识使用的方便性和有效性。实际上，我们一般认为的"概念转变"只有在另一种平衡出现且具有可操作性时才会实现。

学习＝打赌

学习是一种个人行为，它推动个体去接受对他之所是或所为的质疑，去冒险走一

---

① 参见引言、第6章、第12章。

条他并不完全清楚的路。学习者自身的活动既是情感性的,也是认知性的,是认识过程的核心。[1] 学习会使个体用另一种方式思考,以便炼制新的解释,从而可以用更令人满意的方式指导自己的行动和决定。

不过,用另一种方式思考意味着用另一种方式将信息联系起来[2],对其进行组织,甚至还要根据它们之间的关系决定它们的位置。这些信息必须被分开,并以另一种方式再联结,就好像在三维空间里编织一张网,并利用已经编好的一端,把蛛丝拉到别处。这些操作并不是自动的,它们需要被激发,并在指导者的陪伴下进行,但并非仅此而已。因为进行学习的只能是学习者自己,没有人能替他去做。不过,学习者几乎不可能凭空获得可以促使他改变先有概念的一整套因素,他总是需要一个情境来促进和保证这些新联系的建立。

个体与环境的互动

学习上取得的进展并不像建构主义者反复强调的那样仅仅是个人的事,也不像行为主义者说的那样是环境的事,它来自个体与环境的互动。这里又出现了一个新悖论:个体只能通过自身炼制新知识,但在此过程中,他又必须依靠他人的经验。同时,学习者并不是随随便便地炼制一个知识,他决定着自己的学习过程。只有当一个知识对他来说具有意义时,他才会去获取它,进而改变自己的表征系统。

由此,我们可以理解为什么教学不能直接作用于学习者,它们的作用一定是间接的。我们可以采用两种相反的教学思路:第一种是以个体的经历和先有概念为立足点;第二种是对环境进行干预,以促进学习。什么样的教学环境可以帮助学习者突破局限呢?

在本书的第二部分,我们已经提出了几个必需的参量,这里再用另一种方式来说明一下。我们已经知道,当个体处在一个赋予学习以意义的情境中时,学习就会得到促进。虽然事情不可能立竿见影,但幸好,意义出现的方式是极为多样的。这种情境可能与学习者及其问题有关联,也可能有利于引发学习者的兴趣和好奇心。

学习者可以从一个吸引点、一个挑战出发,开始学习之旅。在教学中使用鲜活的

---

[1] 参见第 1 章、第 6 章、第 13 章。
[2] 我们还是要强调一下提供信息和教学之间的区别,因为这是学校教育在 21 世纪的关键问题之一。学校已经失去了对信息的垄断,其他的信息提供手段更加快速、更具有吸引力。

材料而不是幻灯片,青少年学生提出的问题会增加十倍。老师还可以利用激动、惊讶的情绪和适合孩子年龄的情节来吸引他们的注意力或是让他们产生问题。为了照顾学生的多样性,老师可以采取多种手段:活动、实物观察、体验、调查,或使用影视材料和软件。与现实的对质总是一个好的开始,它能激发学生的学习动机,促进学生进行与自身先有概念相反的表达。在这里还需要进行再一次对质,个体必须能够把自己的所思和所是对立起来。

和他人观点的对质是另一种解决问题的途径。在表达了各自的概念之后,学习者会意识到彼此之间的差异。他们必须努力论证,以维护自己的立场、反对别人的观点。对于学习者来说,了解到并不是所有人都和自己观点一致,是一个重大发现。仅仅对质本身,就可以赋予一个活动以意义,让学习者产生研究的兴趣。老师的干预往往是必不可少的,特别是在一开始的时候,这样才能保证学习者互相倾听、发现各自的不同、交流各自的概念并进行辩论,而不是相互辱骂、威吓。此外,学习者往往只能看到自己想看到的东西,他找到的那些现象都是他乐意看到的、证实了他的想法的、加强了他的信念的。

教师必须把重点放在观点的矛盾或局限上。当学习者开始掌握这种策略后,教师可以成为对质活动中的第三方,以便进一步增加论据。要说服别人,单一的信息是不够的,就像在柔道比赛中,必须借助对手本身——在这里是学习者——或是借助制约对方的东西才能让对方"放手"。

思维助手

当学习的动力被激发后,学习者必须找到一些可以运用的规定性形式,以帮助自己进行思考。它们可以是词汇、符号、图示或模型,例如"辉煌三十年"这种说法很形象地表现了 1945—1975 年间法国的经济腾飞。此外,这些"思维助手"还必须让人能看得懂。

在物理学家看来,"力作用于物体的重心"是个很好的创意,只不过物体必须被假定为刚体,这种说法才具有可操作性。如果物体是衰减形变的,它的重心就不再具有可操作性。此外,"思维助手"必须具有可理解性,学习者要能够对其加以运用。例如数字 11 中,每个数字符号"1"都不是单独具有意义的。在我们的计数系统中,每个数的价值取决于它在数目中的位置,与罗马人的计数系统相反。这种约定俗成的规则学习者破译了吗？他们了解数和数目的差别吗？他们知道每往左边挪一位，一个数字的数值就会变成原先的十倍吗？[①]

类比和隐喻同样也在帮助学习者理解方面具有很大潜力。把法国叫作"六边形"或是把 DNA 比作"双螺旋"，一上来就为学习者提供了这两个概念的整体观。在这里，理解问题仍然是关键，教学中没有言明的暗示到处都是。要让学习者理解 $(-1) \times (-1) = 1$，我们可以利用那个经典的观点：敌人的敌人是朋友。

然而，这些"思维助手"还是具有局限性的。一幅图像必须具有吸引力，要能对学习者"说些什么"。"在田径比赛上 100 米跑了 9 秒 9"，对于田径爱好者而言说明了点"什么"，但"在自行车赛上一圈骑了 10 秒 2"，没有人明白其中的数字意味着什么，除了专家。

所以这些工具只具有部分的恰当性，会让知识的获取走一些弯路。它们提供的说明与境脉紧密相联，只表现了问题的一个维度，甚至可能妨碍理解，阻碍思维的发展。把精子比作"小种子"可以帮助年幼的学生了解受精概念，但反过来，这种比喻又会加强父亲在"制造孩子"过程中的重要性，而将母亲贬低成一个"孵化箱"——只是在九个月的时间里"保护"小婴儿，为他"提供营养"。

知识的调用

新知识被描述和炼制之后并不会立刻替代旧知识，除非学习者发现了新知识的价值，并学会了运用它。当今的学校太过重视重复，这从学生在考试和测验前必须临时抱佛脚地复习一番就可见一斑，但重复并不能促进知识的长期掌握，为通过考试而记住的知识很快就会被遗忘。知识需要不断被现实化。

获得的知识必须被定期调用。知道，意味着能够在不同情境中再次运用。这种持续不断的调用可以使知识精细化或复杂化。当然，在一个有利于学习的环境中，元认知会占有优先地位。我们已经看到，学习与情感、认知问题有关，也与"反思"有关。事实上，元认知层面是复杂多样的，它可以让人们对已经完成的学习有个全面的了解。

通过考察元认知，我们可以比较一个人课前和课后想法的差别。回头看自己最初

---

① 当然这是指在十进制系统中。这里的十相当于计算机二进制系统中的二。

的想法,可以让学习者更好地意识到自身疑问的转移和思想的变化。他可以回溯自己采取的步骤、说服自己的论据、遇到的困难和克服困难的方法。

推动这一过程是一种有力的教学手段,可用以明确、组织和分析学习者的概念。它也可以对学习内容进行反思,例如:相对于科学方法、社会方法、神学方法、法律方法,历史方法是指什么?

为了学习,学习者必须进入大量信息之中,根据希望解决的问题,对这些信息进行定位、解析。知识是历史的产物,人们试图对这一历史进行简化以进行教学,但这种简单化的教学经常使历史"精彩尽失",使学生产生理解障碍。反思过程使学生将教学内容还原,并领会其中的关键问题。

在营养学领域,针对与人体健康有关的问题,人们以社会中可见的几种主要的失调类型为基础,将食物分为几大类,营养师由此划分出了所谓的"红"组(由肉、鱼、豆类和一些蔬菜组成)和所谓的"蓝"组(以奶制品为主)。在蛋白质含量方面,这两组不相上下:一百克肉相当于两个鸡蛋,或 0.6 升奶,或 60 克奶酪。奶制品组的优势在于钙的提供,肉类组的优势在于铁的提供。黄油、奶油和其他奶制品被列入"黄"组,因为它们含有大量脂肪。这种分类对健康的关注从未被人们理解,因为这个智力游戏中的所有规则都没有被陈述清楚。学生只记住了一种人工分类,这对他们来说没有任何用处,只有营养师才能搞得清楚,而元认知活动则可以让学生像营养师一样掌握这一内容。

组织性概念网络

需要补充说明的是,组织性概念网络是一种必要的资源,它可以让学生把遇到的各种信息进行重组。学生往往会在一大堆混杂的数据面前感到迷茫,多媒体和数据库的出现更是进一步加重了这种迷茫。

概念架构可以作为"脊柱"来联系各种信息,将它们组织为知识。构建如图 9 所示的概念图是建立关系的一个很好的工具。

我们之前简略回顾的所有这些因素对于学习而言都是必不可少的。它们构成了我们所说的"教学环境",缺了其中任何一个因素,学习都无法有所进展,先有概念会被继续保留。不过,即使全部因素都具备,也可能没有任何学习发生。外在世界不能直接教会个人他应学的东西,学习者必须从他在环境中收集到的信息出发来制造含义。

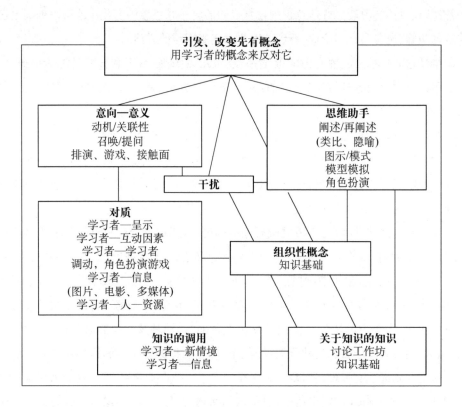

图 9 教学环境的主要因素

一个行动具有的意义取决于个体所处的环境条件和他的个人经历。

教学环境中的每一个因素都要依据其他因素来量化、衔接。它们之间的互动生出一种韵律,有强拍,有节奏。正是这一过程创造了学习的动力。

所有这些强拍中,在学习过程的各个层次上的表达,会让一个概念相对于所涉及的问题的可信性、丰富性显现出来。发言、绘画或写作都有它们的功效,让学习者意识到自己的思想或行事方式中可能的局限。这种表达还可以在学习者身上制造一种没有圆满解决问题的不满足感。对于教师来说,这种表达提供了非常珍贵的关于学生的状态、水平和潜力的信息。

不过,仅仅对学习者的先有概念有所考虑并不足以启动学习。学习者的先有概念不是孤立、静态的观点,而是具有一致性和自身逻辑的模型。它们具有强大的适应能力,往往能够发展、变化,以整合新信息或适应学习者遇到的新情境。

反差和干扰

我们有好几种对学习非常有帮助的工具要介绍,运用反差就是其中之一,它是美国心理学家布鲁纳提出的,使用非常广泛。比如,反例可以为学习者提供其他认识角度,从而扩展他们的经验领域。同时,反例也会对学习者的论据提出质疑。学习者在研究反例时,不得不给自己定位,明确自己的想法。反例让学习者在知识之间建立联系,并作出恰当的区分,目的在于让知识重组,而不是简单地并置。

另一个有效工具是"认知干扰"。要引发学习,往往需要建立一种能够撞击先有概念"硬核"的不协调感。这一不协调感制造出一种紧张,打破大脑中已建立的脆弱平衡。只要先有概念没有被撼动,学习者就会依附于它,找各式各样的理由重拾这个概念,听不进任何会对其造成冲击的新信息,后者顶多被放在不重要的位置上。只有当旧知识变得脆弱,新知识才有一线机会被安置下来。只有这种不协调才能促使进步发生。不过在个人经验非常丰富或者名望得到保证的情况下,这种不协调被接受的可能性非常小。

在电灯泡出现之前,所有的照明都依靠燃烧,烧木柴、烧植物油、烧动物油脂、烧煤油。其道理一眼即可明了。小学生的思维系统始终依照这个分析网络在运行。然而在电灯泡这个问题上,这种参照框架失去了作用。煤油灯的玻璃罩屏蔽了风的干扰,有利于燃烧,和壁炉是一个道理。电灯泡的玻璃罩则制造了一个密闭空间,里面是真空状态或者含有惰性气体,以阻止燃烧,从而确保灯丝不会烧坏,光子的释放则遵循另一种原理。霓虹灯也是同样的道理。

不过学生还是会把电灯泡的发光看作燃烧现象。要理解现在电灯泡的发光机制,学生原先的认知结构必须受到干扰,但这并非易事,因为学习者的先有概念是建立在社会孕育的文化背景之上的。我们只能让学习者慢慢明白,不过肯定可以让他们明白。只要让他们发现,在一个密闭空间或者密闭的试管里燃烧是不可能发生的就行了:蜡烛在这样的空间里肯定会熄灭,那还怎么发光呢?

对意向、表达、反差和干扰的要求造成了一切学习都"开头难"的局面,没有它们,什么都不能启动。此外,我们还需要对它们加以调节。你可能拥有做蛋黄酱的所有材料,但最后还是做砸了。为了更好地理解这个问题,我们可以举一个具体的例子。许多人认为"看见"是一种明显的即时现象,只取决于眼睛,"只要好好看就能看见",但事实并非如此。教师可以把教学计划设定为,让学习者理解我们所看到的东西是由大脑解码的,我们看到的东西取决于我们已经知道的东西。进行这种阐释时要考虑学习者的背景,对于年纪稍大的学习者,教学计划可以更深入一些,让他们理解,先有概念在和动机、激情建立联系后,可以直接对人们感知事物的方式产生作用,眼睛直接受到脑部结构的支配。

在阅读时,如果对一个词很熟悉,眼睛就会很快扫过它。不认识某个词的时候,视线会在它上面停留更长时间。仅仅这样介绍一个知识显然不足以让学习者理解。上面提到的所有参量的同时设置,才能促进知识炼制活动。初始情境的选择非常重要,这些情境的作用在于丰富学习者的经验、制造动机,让学习者投入某一学习过程。

我们可以采取多种启发活动让学习者掌握相关领域的知识并开始提出问题。老师可以把孩子带进一个黑房间,让他们确定自己的位置或找一些物品,接下来可以在有光线的情况下重复同样的活动。老师可以提供一些带洞的盒子,让孩子可以把手伸进去找东西,或者让他们玩"瞎子摸人"游戏。他还可以设计一些动作简单的活动:睁眼或蒙眼拿东西,两人一组拿东西,蒙眼辨别日常用品。

进行了各种各样的研究之后,让孩子说一说自己之前的经历,这一初次对质可以加强孩子履行学习计划的动机。在小组里可以让孩子讨论:"我们认出了什么东西?""(蒙着眼睛或睁着眼睛)怎么认出来的? 为什么能认得出来?"这时他们会明确"光线的作用"、"眼睛的作用",可能还有"大脑的作用",会提出一些方案来解释"我们是怎么认出来的"。在班级中,学生可以表达他们的概念并相互对质。老师可以让大家一起来发表观点:"视觉有什么作用?""它的重要性体现在哪里?"这些问题可以在此时出现,让学生能够接触到各式各样的疑问。

在这些讨论中会出现各种各样的问题。老师把整个班级带动起来,聚集于和主题有关的问题。他们可以直接研究这些问题,或者进行另一种研究。老师可以让学生对一组视幻觉进行研究,这项活动既是一个很好的反差因素,也是一个很好的干扰因素。不同的人看到的画面是不同的,同一种迹象会被人们以极为不同的方式加以阐释。对图 10 中左侧的那幅画,有人看到的是一个印第安人的侧脸,有人看到的是一个爱斯基摩人的背影。对图 10 中右侧的那幅画,有人看到的是一个年轻人,有人看到的是老人,甚至是一个老妇人!

图 10　对"看见"观念的干扰

在小组里,老师可以让学生把他们的观察用语言表达出来,想象其他相同的情境。在班级里,学生可以把他们认为自己看到的东西和图画的真正内容进行比较,对同一幅图会有多种不同的阐释方式。还有其他类型的视幻觉可以让学生得以比较"更大"、"更小"、"相同"的东西(并让他们找到分析方法)。他们可以分辨出所见与现实之间的差别。那么,为什么会有这些差别呢?

在图 11 中,为什么我们会有看到了一个黑三角和一个白三角的幻觉?它实际上只是一些不完整的圆和几个角?

图 11

老师可以让学生对背景进行研究,让学生比较形状和颜色。学生可以在全班面前展示不同的图画(或幻灯片),让同学讨论相关主题,并与"我们的感觉会欺骗我们"和"同一幅图可以有不同的阐释方式"这两个观点相联系。

图 12

观察的方向——在下例中指图画的方向——就能够赋予一幅图这样或那样的含义。

图 13　你看到了什么？先观察本图,然后将图向右旋转 90 度后再观察,你看到的还是同样的东西吗？

(来源:焦尔当,日内瓦大学科学认识论与教学实验室)

此时,我们可以提及大脑、记忆和阐释机制的作用。对于高三毕业班,我们可以在阐释问题时走得很远,可以炼制关于视觉调节机制的知识,阐明这种调节的各种层次。

教师可以和学生一起炼制模型,并通过各种观察、实验和文献研究对这一模型进行验证。

概念的相互干扰

我们已经看到,概念的任何改变都是以一种不连续的方式进行的,并且处于危机之中，这种危机有时是一种认同危机，因为学习者会对自己的行为产生情感卷入。一个干扰因素的出现会导致学习者进一步细化或改变自己针对某问题的观点、自己要达到的目的以及为了达到该目的所采取的方法。

自身概念与他人概念的对质会震荡认知同一性，但它首先会振荡情感同一性。它是痛苦的来源并蕴含着转化的风险。在这里，我们可以看到学习与人际、情感和认知的关联。如果干扰太过强烈，学习者的思路就会很快"卡住"，他的思维会凝固。只有在学习者具有一定自信并对他人和可以提供便利的人怀有一定信任的时候，概念的转化才能实现。只有在学习者信任他者的时候，他才会接受干扰，而干扰只会在有所辅助的情况下起积极作用。

这又是一个矛盾：学习者既必须直面一定程度的干扰，又必须得到一定程度的辅助。了解了孩子的先有概念，教师或知识传授者就可以设计、选择最适合的教学环境，以提供辅助条件。不过，只有在与教育环境的互动中对学习者的意向、认知和元认知资源进行积极调用，才能形成真正的知识炼制。学习者自身拥有的东西也必须被考虑进来，它和来自教师或学校的东西同样重要，这两者也在进行互动。学生的"错误"可以成为教学内容之一，它们可以被当作一种资源，而不是障碍。

学习者必须知道他有权犯错，错误产生意义，他可以对错误进行研究。错误不是一种制约，甚至应该制定一种错误策略。一些教师担心学生会因此头脑糊涂，或者使错误观点更根深蒂固，所以批评这种方法，但这种担心在我们的观察中并没有得到证实。当班级里气氛平和时，犯错便不再是一种过错。我们看到的仅仅是，在第一次用这种方法学习时，学习者会表现出一点犹豫。

教学平衡

我们需要建立一种平衡。人们既会忘记没用处的东西，也会忘记造成太大冲击的东西——一种动摇了我们的认知平衡的太过强烈的创伤。一切都不能有丝毫差池。说服个体的论据是多种多样的，要针对个体的不同、时间的不同而精准地发挥作用。并不是只有认知层面在发挥作用，例如：对于糖尿病患者，必须让他了解什么是最适宜的饮食，通过举例，医生告诉他们，吃东西时会摄入不同数量的糖，比如，梨子中含有12％的糖，为了计算方便，我们建议用10％代替12％。取近似值并不影响这个饮食问题的实质。这在工程师和泥瓦匠看来是完全可以接受的近似值，但一个靠利率中小数点后的数值获利的银行家则永远会对这个论据嗤之以鼻,更糟糕的是,这个医生在他眼中可能会完全丧失地位,后者给出的所有干预都不再会得到重视。

一切都在于调节。要引发学习,学习者所确信的事必须受到干扰,但如果干扰过强,就会使他将自己封闭起来。每一次,教师都必须根据每个学生的情况确定自己的论据。学校教师的角色不同于家庭教师,但这并不意味着学校教师起不了作用,他可以使用多种情境①,可以促进学生间的对质,通过书面资料给各个学生提供不同论据②,等等。

没有万灵药

无论如何,为了学习,每个学生都必须多次回到同一个主题上来,他必须从不同角度研究它,在接触日常事物时将之精练化。研究者们摸索了成千上万个小时才创造出一个概念,学生又怎么能在一节课的时间里吸收成千上万名这样的研究者的思想呢?这是当今教育制造的一大幻相,知识只会在这样的实践下被扭曲。学生必须接触各种各样的情境,尽可能完整地对它们进行开发。学习一样东西需要几十个小时,学习那些炼制起来特别复杂的知识甚至需要上百个小时。不要再去找什么教育秘诀,它肯定不存在。不要再去想什么最佳路径,甚至想什么万灵药,这一切都不存在。

这是否意味着追求高效学习是一种无望之举呢?当然不是。不过拜托,不要再给我们讲那些虚幻的故事了,有效的策略要在对学习行为复杂机制的管理中寻找。

---

① 对一项活动练习得越多,相关能力就越强,错误就减少,处理成本就会降低,一种协同机制就会建立起来。经常读书会带来阅读的改善,后者又会反过来激发学习者的动机,降低理解成本,使学习者读更多的书。

② 信息之间可能会相互竞争。信息太多,没有一种框架可以对它们加以区分,又或者信息太过相似,都会造成回答时的混乱。

15. 未来的教师职业

去倾听生长的森林而不是倒下的树木。

——黑格尔

《精神现象学》，1807年

在19世纪初，宣教式课程并不多见。在耶稣会中学和拿破仑时代的中学里，人们倡导的是阅读和笔头练习，按其课程标准，每天的学习研究时间是直授型课程时间的两倍，而所有教师的讲授都以事先准备好的课文为基础。

在同一个世纪，出现了另一种非常开放的教学形式——交互教学，由年长的学生或者成绩最好的学生向年幼的学生解释学习内容。虽然这种方式有可争议之处，但由于要同时教授的学生太多，这种教学法非常重视同辈教学的作用，学生小组具有很大的自主性，教师并不直接干预学习，而是把自己的注意力集中在最年长的学生和班级的组织管理上。

直到19世纪末，直授型课程才开始普遍起来。随着学校的体制化和教师的职业化，这类课程成为无法绕过的标准。[1]

广受推崇的宣教模式其实是后来出现的事物，其历史顶多一个世纪而已！自其诞生之后，没有任何模式能取而代之。随着20世纪80年代的"危机"出现，人们甚至开始大举回归最刻板的教学法，学校重新又把重点放在了知识描述和教师授课上。

散播知识？

教师不能仅仅满足于散播知识。我们已经看到，授递模式具有很大的局限性。教

---

[1] 对此有不少批评之声，一些批评甚至很激烈，但新工业社会不惜任何代价都要发展自己的学校。

师必须创造教学情境,促进对质和意义获取。① 前面的章节已经提过,学习者只有依靠自己才能进行学习,没有人能替另一个人完成学习,只有学习者自己才能赋予学习以意义。

不过,如果没有他者的参与,学习者也是无法学习的,即使自学者也是如此。人们必须借助他者——或是因为他者——才能学习,有时则是为了反对他者而学习。这里的"他者"当然是各式各样的:可能是偶然遇到的一个人,一个不经意间启发了你的陌生人;或者是一个专业人士,给学习者创造了一整套促进其学习的机制。一句话、一个启动情境、一本借出去的书、同伴间的竞争、激烈的情绪、强烈的个性、具有启发性的表述,都必然会对学习作出贡献。

在上述情境中,教师都可以有一席之地,可以是创造学习契机的那个人。我们已经说过,机遇存在于学习的动力机制中,它非常复杂,也非常脆弱。② 它必须借助学生已知的东西将各种因素汇聚在一起,而只有专业人士才有可能做到这一点。

如果要建构学习,一份油印讲义、一本书或是一个多媒体文件都可以发挥作用。在这个层面上,教师也同样可以发挥决定性作用,因为他处在提供高质量材料的最佳位置,不过在这里,他的贡献是间接的。

在我们对学习的认识中,教师的职业性质改变了。教师不再是知识的掌控者,根据事先计划好的进度传授知识的某些方面,而是变成了知识和学生之间的"中间人"。教师们无需抱怨,你们的作用并没有被贬低丝毫。

在一个所谓的"交际"社会中,身为"中间人"并不意味着作用下降。相反,"中间人"促进、丰富、创造着学习的条件。知识从来不是即时获得的,它是长期的文化炼制的产物,人们为此付出了很多努力,走了很多弯路。一些看上去很简单的知识其实是人们付出大量努力才总结出来的。从精子、卵子的发现,到理解它们各自的作用,人们花了两个世纪的时间才搞清楚受精问题,而承认心脏不是思维的发生地,则花了一千两百多年。因此,看见了并不意味着就可以理解。哪怕是一点点知识的掌握都不可能是自动发生的,它需要被促进。

---

① 参见第7章、第8章。
② 参见第13章。学生从来不是通过被结构化了的课程来学习的。家长和老师常犯的错误是,他们以为可以这样把知识教给学生。学生在上课前就已经拥有了自己的知识储备,教师的作用在于揭示知识,使其得到精炼或者被超越。

教师是启动者吗？

我们每个人都至少在人生中遇到过一位知道如何让学生和知识建立联系或对这件事多少有所意识的老师，这种联系可以在课堂里发生，教师通过话语或行为让学生和某个内容产生关联，鼓励他进入学习过程。

这种投入往往会超出课堂范围，课外提供的信息、建议或材料会发挥决定性作用。没有人会注意到这一点，除了学生本人。课外因素发挥着催化剂的作用，启动了学习过程，但这种实践往往是分散的、自发的，我们需要对其加以重视，将之系统化。

有一种能力对教师而言非常重要，就是他必须善于倾听。这种倾听具有双重价值。它让教师了解学习者的思维程度：他的疑惑是什么？他解析出了哪些关键部分？他是怎么推理的？他对知识或学校有什么期待？……每个教师都需要破译这些信息，以准备教学情境、引导班级学习。

以前人们认为，教授经济学或管理学必须非常了解这些学科。到了20世纪70年代，人们走到了反面，提出教师要了解自己的学生。[1] 实际上，这种选择同样是错误的。学生和知识之间的微妙互动才是重点。教师了解了学生以及他们与知识的关系之后，就可以找到最适合教学的词汇、情境和论据。

我们已经看到，在这种背景下，教师最棘手的任务是要成为学习的启动者。教师要通过自己提出的问题、作出的反应或者提议的活动，引起学生的好奇和惊讶。他要能让学生从一个新角度观察世界和各种现象。他给予学生信任，帮助他们有所意识，和事物拉开距离。老师讲了多少话并不重要，他的倾听和在场激励、促进着学生的表达，他的干预帮助学生发现错误和局限。

因此，教师是提出问题的人，而不是操控者。他不应只顾把学生引向自己的教学计划、阐释或教学进程，而是必须尊重学生的自由，让他们找到自己的道路和自主权。教师扮演着唤醒者的角色，不应等待学生到达了一定的水平之后再促进他们学习。教师可以确保提问、炼制、参与和意识觉醒的时间。他可以确保一个供学习者与环境、教育情境互动的空间，促进交流或对质。

---

[1] 二十多年来，西方社会一直在强调个体自主性，但其实践还很不成熟，不过个体已经开始拥有自信，不再绝对服从，尤其渴望得到重视。

旅伴

接下来,教师必须把自己当作学习者的"旅伴"。最好的情况是,他能陪伴着学习者,和学习者一起进步,毫不吝惜地给予建议和鼓励,灵活地向学习者指出哪里可以找到信息,帮助学习者借助图表或模型将观点形式化。

共同前进并不意味着教师和学习者融为一体。学习者必须始终保持靠自己取得进步的感觉。每个人都必须走自己的道路。教师的作用首先是交流。他提供工具,指示资源或者进行总结。在学习者无力解决问题或出现巨大困难时,教师可以支持学习者。[①]

教师的这些特定贡献并不意味着排斥他人的参与。同辈间的小组学习具有很好的激励效果,教师可以引发甚至促进小组学习,最好能建立一种不以竞争为目的的竞争关系。此外,教师不应把自己看作知识的唯一拥有者,他可以建议学习者同其他专业人士建立联系。

很多方面的学习都需要高超的能力。涉及城市问题时,城市规划师、社会学家是合适的咨询人选,但环卫工人和警察提供的特定路径也同样有价值。教师不能妄想自己一个人掌握所有需要的能力。他的特定贡献在于分辨出谁是提供有助于学习的方法的最佳人选,并将这些方法呈现出来,如有可能,还要把它们解释清楚。

约束

教师不应仅仅给予学习者自由,他还必须对学习者进行约束。今天,教师往往必须和这个一味强调消费的社会逆向而动。媒体和广告在文化上鼓励年轻人走向某种放任状态,倡导在想象的世界"信马由缰",充分享受当下。可以借助这些因素来启动学习,但它们绝不是教育的"必需品"。

教师必须始终把重点放在任何学习都必需的努力和专注上。诱人的外部环境和无趣的学校生活之间的落差最终会进一步加大。由于这个原因,教师必须成为激发学习动机的专家。努力并不排斥乐趣,它们可以并行不悖。年轻人会很乐意接受约束和

---

① 不过,如果学生太多,年龄差距太大,老师又该怎么办呢?

要求,只要这些东西在他们看来是有意义的。

约束也是一种评估。面对学习者的个人计划或社会契约,教师必须告诉学习者他处在什么样的位置。学习者时刻需要评判,他也希望对自己履行计划的进程有个时间概念。评估并不意味着要进行惩罚。评估随着计划的明晰而启动,计划在得到评估后会继续实施。在学习者的学习进程中不断发挥中介作用比事先对学习者发表言论更能帮助他克服困难。

在所有这些方面,教师都通过陪伴促进了学习进程。[①] 在学习者犯错的时候教师总是不放弃他,当他遇到困难时教师能理解他说的话,这就能在一定程度上消解失败。学习者澄清自己的观点并把它介绍给其他人的行为,也具有同样的效果。不过,如果学生感到自己被人武断地加以评判、在审查的目光下学习,或是老师只一味排斥他的观点而不加以解释,那么他就不会学习了。遗憾的是,这些行为相当常见并仍将继续,人们对此没有丝毫的反思。正是它们降低了学习的成功率。

欲望的授递者

教师是否不该成为授递者呢?当然不是!这个回答又是一个新的悖论。教师必须时刻将"更多的东西"带给学习者:经验、超越情境、单纯的实践咨询,或是文化。他必须传递欲望。

教师必须把学习者打开,即使他并不清楚结果如何。他必须始终从学习者出发,但不能局限于此。他的首要任务是让学习者进步。为此,他必须向学习者提出一项教育计划,有必要的话,还要和学习者协商这项计划。要避免的依然是教师的饱和感,换句话说,就是在当前的教育环境中很快会产生的那种厌烦。

教师不能直接"兜售"知识,我们已经多次指出了这一点。只有让学习者认同某一知识,学习者才能把它占为己有。我们不能直接传递我们赋予知识的意义,这实在很遗憾,有太多的参量在其中发挥作用。只有学习者可以炼制他们特有的、与他们之所是相兼容的含义。教师只能通过感染他们来传递一种欲望。正如我们所看到的,知识必须回应一种需求或一个问题。它必须填补一个或多个缺失,或者在某一个行为动机

---

① 在实践层面,由同一个人促进学生学习并给学生打分也许并不合理,这会产生一种角色混淆,很快就会变成一种阻碍。评估总是带有很强烈的情感成分,它对学习有着强烈的刺激作用。遗憾的是,在当今的实践中,评估者的行为对于许多学生产生了很大的抑制作用,它会在很长时间内阻碍所有的学习。

延伸时能被触及。[①]

一名导演

直到不久前，教师的角色还是某种言论的介绍者，这些言论往往已被精心组织，他可以机械地"照搬"书本上的内容或者教学督导的指示。在今天，教师的角色像是一名导演。课堂信息太过复杂，不能被直接灌输。学习的约束因素太多太杂，无法在流水线上制造知识。必须把学习所需的全部因素汇集起来，对它们加以度量，让它们发生变化，当人们了解到这一切有多么困难时，就会明白我们没有第二种选择。[②]

怎样才能实现这一切呢？教师必须创造学习条件。课堂成了一出戏剧，主角就是学习者。此时，新的矛盾又出现了：学习者还必须同时是编剧。怎样既当演员又当编剧呢？教学计划必须从学习者出发，活动[③]、论证都必须以学习者为中心。有太多的教师把自己当作课堂的核心人物，时刻在场，一个人在舞台上表演。要吸引学习者就要唤起他们的问题，只有借助这些问题，教师才能与学习者建立关联，把他们引向其他维度。

从这里我们可以看到，教学不是件轻松的差事，而是一项复杂的任务，既有心理要求又有技术要求，需要教师会辨别、直觉强、有想法、行事严谨。从事这项职业非常辛苦，需要不断与时俱进，还需要坚持不懈和十足的耐心。

教师必须适应情境，处理突发事件，照顾暂时处于困难之中的学生。同时，他还必须表现出创造性、决断力、人情味和坚定的信念，以促进学习者投入学习。在落到教师头上的这些要求中，教师的个性是第一位的。个性不是一个固化的整体，它通过三个主要因素养成：自我控制、意愿（工作）和热情。

如今最棘手的问题是如何在一定程度上控制困难情境。这并不是说要控制一切，但教师不能被太过激动的情绪或愤怒冲昏头脑。他要平静地作出决定，坚定、自信地进行表达。在自我控制的前提下，我们可以控制某些情境。

---

① 每个个体的个性肯定都有所差异。教师的困难在于快速发现能够激发某个学习者学习活动的动机。值得庆幸的是，行为动机已经开始为人们广泛了解。

② 在日常生活中我们发现，学业成绩优异的学习者拥有一个有利于其进行探究的环境，这一环境鼓励他预测行为的后果，让他能够看到自己的行为所带来的结果。

③ 积极进行活动并不意味着当一个活动主义者，也就是被活动所淹没。教师要知道掌握时间，有条理地组织教学。

尽管如此,教师依旧要表现出自己的个性,声音、语言、肢体动作等因素都包括在内,当然,也不能太过。教师的观点必须具有说服力,他只需要选择适当的词汇将这些观点传达出去,就能让它们发挥唤起作用。[1] 最为重要的是,教师要有热情。人们不是说"只有信仰才能救人"吗?虽然这里不是指那种纯粹的宗教信仰,但具有这种能力的教师拥有一种潜能、一种力量,能够吸引班上的学生去学习。这种能力必然会带来信任。此外,这种热情本身就包含着行动的种子,它让辩论充满活力并超越辩论本身。热情从不会破坏想象,而是让想象富有生机。

一个变化中的职业

不用怀疑,教师的职业性质正在发生深刻变化,但教师们却没有适应这种变化。他们被招聘来完成某项任务:教授历史、音乐或法语。他们还必须去做另一些事:重构社会联系,让学生适应社会变化。人们还一直在怀疑他们有没有完成这些任务。

社会对学校和教师抱有更高的期待,但却从来没有清晰地界定这些期待是什么。政府往往通过粗暴的行政命令强加一些新任务,不断向学校要求"更多"。等级制度压迫着教师,不考虑他们的感受,没有为他们提供正确实践的条件,甚至让他们继续保持幼稚的教学思维。

一任又一任的督学和教育部长不加区分地推行各种各样的改革(有时是没什么根据的改革),许多教师被这些改革搞得无所适从。一些人产生种种担心,于是固守在过时的模式里观望或是等待退休。另一些人感觉受到社会的轻视,价值没有得到承认——他们的工资就可以说明这一点,而社会上的人还嫉妒教师的职业稳定和假期。许多人还感到来自媒体和新交流技术的竞争压力,后者让他们看上去有那么点过时。

教师需要的是什么呢?他们需要信任。他们的心中藏着热情的种子,需要发扬光大。我们的体制需要为教师创造有利条件。教师不能再把自己看作某个学科内容的专家。他首先应是一个教育互动的专业人士,他有能力分析自己的专业实践和开展实践的境脉。他的日常任务要根据不同社会参与者的利害关系和目标来确定。他必须

---

[1] 和人们以为的相反,年轻人并不一定欣赏教师滥用他们的语言。教师要避免使用泛滥的词汇和做一些老生常谈,也要避免使用已经成套话的句子以及太复杂、太矫揉造作、太技术性的词汇。丰富新颖的词汇总是受到学生的欢迎。能启发学生思维、更好地概括活动的精确、清晰的词汇和不断变换的句式,能够把学生的积极性调动起来。热情、嘹亮的嗓音能让学生安心,让他们在学习进程中不感到孤单。

时刻进行整体审视，一旦自己的选择不再能站得住脚，他就必须对其进行修改。

那么教师培训呢？

教师职业性质的这种改变当然关系到教师培训的问题。教育机构的转型不是魔法棒一挥就能完成的，也不是政府的一纸法令、行政部门的一纸通报就能实现的。如果教师和一把手之间没有关联感，那么即使是最好的改革也不可能成功。

基层行动者的实践永远要摆在前面。这种实践要通过高质量的初级学术培训和教学法培训来实现。目前看来，它还没有受到人们的重视。在每一个学科中，人们都致力于把教师培训成未来的研究者，不过实际效果都打了折扣。在教学法方面，人们以为通过增加心理学课程和社会学课程可以找到解决方法，理论和学校实践之间的联系却完全没有被考虑。实际上，比上述这些更重要的是教师的职后培训。我们既要让教师安心，也要激发他们的活力。行政部门的主要任务首先是恢复教师队伍的信心，此外还要促进教师能量的发挥。

行政部门要重视那些成功创新的教师并给予嘉许，但现在很少有人这么做。在学校里建立研究团队是不可跳过的第一步。这一策略让从未有过话语权的职员拥有了话语权。在教师职业中存在一系列需要跨越的阻碍，既有个体心理上的，也有社交关系上的。我们应对某些集体感受进行研究，例如在长年教学之后不知不觉蔓延开的对教学的厌倦。

还有其他一些不可回避的问题也是现实存在的，例如学校暴力和它背后所包含的东西，人们对纪律的武断定义或是打分的困难等。面对所有这些方面，教师都感到无能为力。对于中学教师来说，学生期待的改变、学生和学校的新关系以及学生面对知识和权威的不同态度，是另一些有待深入研究的问题。

教师的职业操练不能单打独斗，我们需要优先进行集体思考。每个教师都应主动参与团队或机构的教学选择。学生要学的不只是一门学科，重要的知识贯串了教学大纲规定的所有常规科目。我们要尽量贴近问题来研究教育体系的转变。

创新和评估

虽然存在所有这些困难，但从二十多年前起，教学领域还是出现了很多创新。在环境、机器人技术、健康和公民权领域，人们设计了各种各样的计划并加以实现。各类外来参与者（从小科学家协会到城市规划师、艺术家）带来了各种开放的思路。一些新机构也向公众提供服务，例如儿童城、环境中心、各类地方机构。像法国帕尔特奈这样的城市里，有一些企业（特别是加拿大魁北克的企业）为学校提供各种有利于更新教学手段的设备。职业教育在这个方面尤其走在了前面，它们甚至还对高中会考中的评估测试进行了改革。遗憾的是，这些创举并没有被大多数教师和公众所了解。要推动改变进程，根本性的举措在于表明我们可以引入其他教育实践，以此保证教育体系变革的可能性。

在创新的同时还必须进行评估。教学经验还没有得到深入研究。创新可能成为逃避问题的手段，正如为了防止政治变革而作出变革一样。进行简单的总结就可以看出什么是"行得通"的。教师要意识到他想做的、他认为应该做的、他实际所做的和他行为的效果之间的差距。更完整的评估可以被纳入创新过程本身。通过进行职后培训，评估可以进一步丰富教学实践。

这种评估过程从计划的明晰化和目标的等级化开始。是要传授知识，还是传授一种学术方法？是要培养一种学习态度、教授某种研究方法，还是反过来建立一种敏感性？……教育计划往往过于雄心勃勃，和教师、教师团队所拥有的条件不相匹配。

有了精确的评估后，我们可以对公众的期待、需求、问题有所考虑，这让教师在开展活动之前就和自己的受众拉近了距离，它瞄准的是相关受众的参照框架和理解机制。教师如果过早地给还没作好准备的孩子灌输概念，反而会阻碍他们的学习。同样，评估还可以让教师把注意力放在方法的独特性和能够与学生产生共鸣的该学科特有的语言上。

某些教学创新反而会弄巧成拙，比如强行引进新型数学、计算机辅助编程，或引入新语言及某些科技计划，学生被弄得无所适从。教师必须让他们自己解决问题，同时为他们提供智力工具，让他们尽可能进步。这种方式可以帮助教师明确自己在实现这些目标的过程中各阶段的要求，帮助他决定如何呈现所需的各种材料（剧本、指示板、活动），还可以帮助他选择教学的特定组成因素（隐喻、类比、模型）。

一些"优秀项目"应该被集中起来，可以通过在资源中心建立经验交流平台，或是借助互联网之类的网络，来实现宣传推广。它们可以成为教师培训的一个启动因素，从事教学创新的人可以在里面找到分析材料，新手则可以从中吸取各种不同的观点和实践经验。

在促进学习者进行整体审视、帮助学习者对已经发生的事形成概念、让学习者想象其他替代方法以解决遇到的困难等方面，外来专家以及培训师可以发挥一定的作用。教育应翻开新的历史篇章，成为不同以往的人类实践。我们不能一再重复同样的错误，不断地在老路上重复劳动，而实际取得的成果却并不为人所知！通过记录遇到的问题和合适的解决方法，可以建立起一种学校新文化。

16. 通向一种整合教育

我梦想有这样一所学校,课堂上没有惩罚。

——萨沙·吉特里

《巴斯德》,1919 年

新公民的诞生并不是奇迹,而是一代又一代人传承下来的历史的产物。跨过一个又一个世纪,人类积累了一大笔文化遗产,近五十年来这笔遗产还在不断增加,但我们的社会遇到了一个真正的难题:它既不会传播这笔灿烂的遗产,也不会将其产业化。学校和文化场所在大众传播方面止步不前,电视发挥的作用也并不如人们所期待的那样积极。

其实学校拥有成为一个高效运行机构的一切可能条件,但它更多地执著于对知识,而不是对制造知识的方法的介绍,因而始终没有成为真正发生学习的场所。此外,一定程度的教条主义也腐蚀着学校。教学大纲规定的是一些"拆卸了"的知识,几乎剔除了所有"杂质"。知识在教授时没有和某些基础性的问题建立联系。教授的方法是程式化的,遮蔽了建立这些方法的智力过程。

学校教学被各学科的传统束住了手脚,对学生不够重视。现行的教育方法压制了学生的好奇心、学习动机和创造性。学生一字不差地背诵,然后再机械地应用。不得不说,这种教学形式往往激不起学生的兴趣,甚至还会阻碍他们学习。学校变成了发证书的地方,人们上学是为了让自己的优秀得到承认,因此才会出现大量的私人课程和外语游学。[1]

就这样,学校落在了社会的后面,这不是因为它没有呼应社会的需求[2],情况恰恰

---

[1] 许多教师在进行不一样的尝试。我们多次提出这种观点,但这样的教师还是少数。还有其他许多教师如果受到鼓励就会投身其中。学校教育的困难并不来自他们。

[2] 社会期待在很大程度上是隐性的,在社会上并没有真正的关于学校的争论。

相反——这种需求太过强烈，抑制了学校的潜力。

系统性改革

差距已经大到不能再大了，精英主义从未像今天这样在我们的社会盛行。我们需要的不是小修小改，而是根本性的系统变革。其中有两个方面要优先考虑。第一，在世纪之交应该让学生学点什么（为什么让他们学这些东西），而不是像法国教育部长建议的那样要关心"教点什么"。第二，怎样促进学习，才能让学生达到"教育吸收的最佳状态"。眼下，人们提出了很多要求，花费了很多时间，使用了很多手段，但只学到了一些非常肤浅、转瞬即逝、毫不适应我们时代的知识。

关于第二个问题，我们已经在前面的章节中提到，在教学实践活动以及教师的作用方面可以进行一系列改变①，但这还不够，我们需要重新思考学校的组织。这里又出现了一个问题：这种组织层面的转变不是通过一次改革就能实现的。为了改变教育结构而采取的策略必须被看作一个系统。改变学校的一个方面而不触及其他部分，不会带来任何实质性的持久改变。改变教学方法而不改变学校组织管理和教师的工作条件，结果必然是"毫无成效"。

在一开始，我们先要进行一项基础性的清理工作。学校里所教授的学科不能总是一成不变，它们表现出的是 19 世纪末盛行的一种过时的知识切分。看一看教育史可以给我们带来某些启示，大家也就不会那么抵触我们所说的东西了——我们所了解的那些学校科目不论是在命名上还是在内容上都不是自然形成的。19 世纪初，基督教学校的修士非常具有创新精神，他们一个星期只上两节数学课，每节课半小时。直到1833 年，法国教育部长基佐推行了一系列深度改革，"算术的基本知识以及重量、测量的标准系统"才被引入课堂。② 1851 年还规定，小学教师在教授算术时不要涉及"一切太过抽象的理论，只须教授必要的四则运算法则"。直到 1945 年，数学的地位还是很低的，而且那时的数学还非常简单。

1850 年法卢法案的第 23 条第一次在官方文件中将体操引入学校。虽然这门课是选修性质的，但它进入学校要早于法国史和法国地理等，后者是 1867 年在维克多·迪

---

① 在结论中我们会提出一些思考。
② 此时还第一次引入了语法知识。

吕伊的推动下才出现在学校教育中的。也正是这一法案把"可以应用于日常生活的物理学、自然史的基本概念"纳入了学校教育。

为执行1886年10月30日法案,1887年1月18日出台了相关法令,我们现在所熟知的这种知识划分由此建立起来,它迄今只有一百年多一点的历史。这一法令规定,初等教育包括"公民道德教育、阅读、写作、法语、算术、米制、历史、地理、……、自然、基本科学概念(主要是它们在农业上的应用)、歌唱、图画、手工基本知识、体操和军事训练"。在高级初等教育(即初中的前身)中,还要教授"应用算术、代数、几何、常用账目规则、记账簿记录规则、几何图画、装饰画、模型制造、文学史基本概念、常用法律概念、政治经济概念、普通历史、仍在使用的外语,木工和铁艺(男孩),针线活儿、裁剪和拼装(女孩)"。同时,修辞、宗教教育和许多孩子几乎在学习母语之前就开始学习的拉丁语被取消。这一科目表从此之后几乎没有发生什么变化。

学科,一种社会学现象

把知识分隔成一个个学科显然是一种由来已久的社会学现象。这种划分以及由此而来的教学大纲与19世纪中叶的学术思想有着密切联系,它参照的是那个年代介绍知识的方式。大学教师还从中得到了一个巨大的好处:这为他们从事研究、招收学生、出版著作提供了出路,规避了恶性竞争。医学和法律专业人士一直反对在学校里教授他们的学科,担心这会让自己没了客人。

不过这种知识划分带来的好处也不可忽视。它促进了许多领域的职业化,使知识领域取得了切实的进步。遗憾的是,现代知识的有些方面还是被人们忽视了,或者至少是没有被好好研究。关于健康、环境、空间规划、电影、电视、一般意义上的图像文化、符号学,以及与图像、新闻出版和媒体相关的一切,我们都教了些什么呢?科技文化、工业制造等始终被贬低、轻视,或局限在某些专业领域,但还有什么比这些领域更具时代性呢?同样,人们从来不会或很少会对毕业班学生严肃地教授经济学、伦理学和认识论,消费、法律、建筑、战略、社会学、个体心理学和集体心理学、体制分析、人类学、观念史(包括神话史、信仰史、科学技术史)等也都完全被忽略。

这种划分在方法学层面留下了不可接受的空白。所有人都应掌握的能力最终没有一个人去教,学习技巧(字典的使用、快速阅读、记笔记、作陈述、掌握辩论规则等)就是如此。其他一些能力则从来没有被重视,因为它们没有被归入任何传统学科之中。

新方法,例如系统分析、语用学甚至模拟技术,也都没有成为系统教学的对象。

这些问题有的人现在已经遇到了,另一些人以后将会遇到,它们不仅仅是某个学科内部的问题。要寻求解决方法,需要把各个领域的方法和知识铰接起来。具有启发性的观点不再诞生于传统学科内部,它在各学科之间穿梭,或是在学科边缘形成。

一种横向阅读

我们在这一章开头所提到的文化迁移难题不能通过"兴趣性主题"来解决,或是通过现在有些人提倡的教师间简单的商讨来解决。我们不可能大笔一挥就把各个学科取消,它们依然是知识的划分标志,教师的头脑中还保留着这种认识世界的网格。不过,这些学科现有的内容可以被横向阅读。各个学科之所以被教授,不再是因为它们本身具有丰富的特定知识或在各级学校中拥有一定的地位,最先考虑的应该是这一学科对于某种"适当性"的贡献。换句话说,每个学科的教学不应再出于它自身的价值和目标,而应出于它对学校内部共同的教学计划可以作出的贡献。

仅仅攻击按学科划分的教学大纲是没有用的,最终问题还是要改变学校永不变化的组织框架:"学科——课程——课时——教师"。这种模式无处不在,小学就已经如此了。教师的专业职能是多方面的,但却成了轮流为每个学科服务的专业技术人员。

这种时间划分让学生很少有时间投入到一项任务或计划的完成中。课时的设置导致学生一直在"切换频道",不可能表现出创造性。他们不得不一再地开始、重新开始,又很快中断,一天之内要重复六七次。个人思考、集体学习或是和教师进行私人接触的时间都被压缩到只能勉强维持的地步。这种切割导致学生精力分散,同时减弱他的动机和注意力。几乎每一次,教师都必须从零开始进行教学。教师怎么可能不断地重新激发学生的动机呢?

课程设置是学校组织的另一个支柱,我们应优先考虑这个问题。课程设置支配着所有学校科目的教学以及学校的生活。它是一个真正的传统①,和所有传统一样,要摆脱它是很艰难的。然而,这样的课时设置并不适合学习。学校应该留给学生一些时间,让他稳定动机,使知识内容具有一定的"厚度"。学校在进行教学组织时应安排出

---

① 这一传统诞生的时间同样不长,只有一百多年的历史。

空间,以深化每个计划。

此外,学习时间的长短不等、灵活多样可以打破学校惯例的单一性。当下的外语教学由于学校的这种课时切分尤为令人不满,其效果非常令人怀疑,对于教师来说纯粹是浪费时间和精力,对于社会来说则是在浪费金钱。一个星期上几节课是不可能"沉浸"在语言中的。实习或者交流(后者更佳),特别是在欧洲范围内,会显著改善学习效果,而且还能让学生把地理、历史、文化以及生活方式联系起来,此外,它还能解决当下颇具争议的一个问题:我们应该把重点放在简单的语言交流上,还是学习一种文化上?

在课堂中的具体操作

要对学校进行变革,我们有好几条道路可以选择,最重要的是要从一种重复性的、形式化的组织形式过渡到灵活的、适应性的组织形式。我们可以进行长短不一的时间安排,只花几分钟进行咨询,但花上半天的时间深入开展一项活动或是建立集体工作坊。我们还可以安排一些"实习",也就是长达数天的学习,帮助学生浸润于一种语言(这对于语言学习来说是必不可少的)①,或是深入参与一个项目。

关于所谓的学生"注意力持续时间"的研究听起来头头是道,但却需要我们重新对其加以思考。在传统教学环境中,孩子的注意力可能非常短暂,只有几分钟,可一旦教学活动建立在孩子关心或感兴趣的问题之上,情况就完全不同了。随便一样东西儿童都可能玩上好几个小时,青少年可以整天整天地打同一款电子游戏。我们曾经在幼儿园里成功地吸引了孩子们的注意力,让他们在几个下午的时间里专注于同一系列的探究。只需要设计情节或挑战项目,变换班级活动,就可以做到。

教室,或者更广泛地来说——整个学校,都必须给学生另一种感受。它们不能再像以往大多数情况下那样,是一个冷冰冰的、没有亲切感的空间。教室的布局、初高中的氛围,必须能反映那里所进行的活动。小学,特别是幼儿园,在这方面走在了前面。传统观念已被抛弃,适宜的装饰给人以学习的欲望。课桌不再一排排地放在黑板和讲台对面,高高在上的讲台也不复存在。敢于创新的佛勒内曾用一个象征性的举动引入这种教学创新:他把讲台给烧了! 工作坊或实验室布局对于学生来说具

---

① 为了"节省"时间,可以在一些科目的实践中采用另一种语言。

有更丰富的意义——教室变成了共同学习的地方。轻便的课桌有利于小组学习和对质活动。还可以把教室设计成一些进行专门活动的场所。幼儿园里有一些用于阅读、游戏和科学操作的"空间",这种组织安排也可以在高中施行,用于科学、地理或其他科目的学习。

即使是中学,可以采用的方式也是多种多样的。教室可以大放光彩,成为一个多元空间,在这个空间里,数组学生在教师团队的指挥下学习。我们还可以设计一些大型"知识宝库",设有存放资料的空间和专门用于探究的场地,还可以加上一些小块空间让学生一起研究资料,以及稍大一些的空间让学生进行演说和对质。

至于班级组成的原则,也可以换一种思路。从 19 世纪末起,班级都是按照年龄划分的,对所有的课程都是如此。我们完全可以按照学生的能力,根据不同科目或活动来组成班级。按自己的节奏学习,所有孩子都会更容易取得进步。根据自己的成绩,一个学生可以一边参加高难度的数学小组,一边参加人数不多的法语辅导小组。我们还可以走得更远——就某种兴趣或根据某一能力水平组织工作坊,而不考虑年龄因素。

知识契约

这又是学校要解决的另一个矛盾。学校必须在创造自主学习的有利条件的同时,让学生接触能带来意义的各种不同境脉,教师在其中发挥着调节知识和学生间互动的作用。怎样才能以最快的速度创造自学条件呢?肯定要减少学生被动地听老师滔滔不绝地宣讲的时间。许多学生在填鸭式教学中结束了自己的学业,在很长时间内都想不起要去使用储存下来的知识。学校要以让学生投入对知识的探究、炼制和生产为荣,最好少涉及一些概念,而是让学生想象这些概念对应的是什么,少让学生背一些公式,而是让他们理解促使这些公式出现的问题,以及什么样的日常情境适合使用这些公式。

为此,我们可以采取真实情境学习或任务学习的方法,我们更愿意将之称为契约约束学习。其中有一些已经成为经典学习活动,例如组装某样东西、写一个剧本、接受一个与周边环境有关的挑战(关于个人交通或公用交通、噪音、垃圾回收、郊区居住、青少年、消费等)、编辑校报、组织游行呼吁人们关注某个问题或引起人们对生活问题的思考("共同生活"、"友好"、排外等)。

还有一些更大胆的活动：让学生和企业合作，制造在工业领域具有竞争力的机器人。职业高中非常具有创造力，走在了创新的前沿。这种契约约束学习可以是对化学实验室污染的审核、屋顶太阳能发电设备的安装，也可以是制造太阳能车并参加世界太阳能车挑战赛。

任务和任务的不同

任务和任务之间也是有所不同的。任务往往只是教师使用的一个诱饵，用来"兜售"他惯常的教学法。教师应尽可能地从学习者出发，从他们的即时想法、个人想法、集体想法出发。教学的第一步是要将学习者的观点明晰化。为此，教师团队必须引入一些活动，让学习者彼此分享自己的观点。学习者观点的逐步呈现是自学不可缺少的起点。无论如何，课堂组织都必须具有参与性。我们倡导的是一种批判性学习，它让学习者进入一个意识到自己的视域并对其加以改变的过程。

一项落实为具体行动或者以现实为基础的任务尤其具有意义。不过我们不能把这个任务局限为单纯的制造活动。学习者必须能对这些情境进行整体审视，有时间去理解、琢磨自己采取的策略。当学习者有可能思考自己的行动、合作能力、协商能力，有可能在策略制定中担负起责任时，这项任务就会把他的能动性真正调动起来。

在契约教学法中，各个学科都是为任务服务的。[①] 一个学科的价值不在于它自身，而在于它可以作为一种工具来理解和指导行动。我们可以用多种方式打破学科间的隔膜，同一项学习任务可以在不同学科背景下进行。一项学习任务可以在某个特定学科背景下完成，其他学科则可带来一些启示，例如：对风险的研究可以转化为研究数学概率，研究生物的形体适应，以及研究不同产物（塑料、氯）的风险类型这样的化学问题，此外，还可以让学生鉴定学校里存在的风险。于是，学校的身份转变了，变成了研究对象。为了让这项活动顺利进行，资料中心可以提供一部分必需的材料。鉴定风险时，学生可以寻求专业人士的帮助（医生、电工、消防员、救灾队员等）。我们还可以辟出固定的专门时段用于工作坊活动（例如一周两个下午），或者在一周至数周时间内研究同一主题。另外，我们在上文提到的各种"实习"形式也不应被忽视。对风险的研究

---

① 在培训时，我们可以换一种方式看待各个学科，它们的内容应该可被迁移，以用于回应任务的需求。可惜的是，在有些教师培训中心，情况并非如此。

最终可以向外部世界开放。对风险的评估、管理和通报可以让学校面向现实，面向社区。这样一来一回就培养了学生的分析、批判能力，让他们作出更老练的决定，比如怎样管理环境风险。

知识的交流

学校可以给自我教学留出更为重要的位置。传播知识是理解知识的一个绝佳手段。教师们都很清楚，直到他们不得不教授某些内容的时候，他们才真正开始理解这些内容。可以通过让学生介绍自己的成果来开展这类活动，最常见的成果展示形式有陈述报告、简单的刊印物或者展览。

年龄最大的学生可以负责辅导年龄最小的学生。能力强的学生可以帮助那些学习某个学科有困难的学生。我们可以建立一个学生间的知识共享网络，组织一个信息交换平台，每个学生都既是"供方"也是"需方"，展现出他多少已经掌握的东西和他想要了解的东西。当这种结构建立起来后，我们很快就会发现在现实问题和个人关心的问题面前，传统教学计划是多么微不足道。学生可以用给别人上一节嘻哈音乐课来交换笛卡尔哲学课，用教别人新社交技术来换取概率计算练习。这种方法可以让学生走出被动状态，让初中、高中的形象变得正面。

我们同样还可以让不同学校的学生进行合作。校际合作的历史可以追溯到学校教育刚刚被强制化的时代。通过传真，特别是互联网，这种合作越来越多，有的是为了资料搜索，有的是为了研究某个课题，有的是为了语言交流。许多学习有困难的孩子通过这种交流找回了阅读和写作的兴趣，甚至学习外语的兴趣，因为他们必须和对方进行交流。

这种合作可以不局限于虚拟形式。不同学校的几个班级可以在一起排一出戏，职业高中则可以联合起来提供技术支持，他们可以共同完成一场巡回演出所需的服装、化妆、音响、照明的准备工作。

外来支持

学校已不再是人们学习的唯一场所。很久以前，教师们就已经在课程中加入了参观展览、看电影、看戏、与专家会面等活动，后来又开始把课堂移植到雪地里、海边和地区公园,同时还出现了和俱乐部、各种社团共同开展的活动,以及和实验室联合进行的研究。

学校不应再忽视劳动创造。没有人会想要否定史前文明或古代文明在实践中的文化内涵,但当今的工业形式却被掩盖起来,人们只对它们进行非常简短的介绍,就像企业的"橱窗",因为人们担心学生会过早地职业化。

生产、工作条件、工业环境和社会环境的关系都是我们这个时代在学习时可参照的知识。我们可以就设计、生产过程、当今科技用品的使用、日用电器的历史开展很多和社会学有关的学习计划,让学生对"熟悉"的物品——例如随身听、手机、微波炉——有所认识,对常用技术进行思考(例如录像机),对科技进步进行预测(例如互联网),研究尖端科技、未来科技以及它们带来的社会、经济、伦理后果,分析工业信息模式(广告、使用说明)等,这些都是教学上可以采用的手法,让学校和时代接轨。

媒体和多媒体

此外,媒体(报刊和电视)也为学习者提供了大量信息。随着电视频道的增多和图片库的发展,我们可以获取大量报道和高质量的纪录片。虽然直播节目的播出时间比较晚,但电视"课程"和录像机在学校里越来越多的使用能够轻松地解决问题。我们要考虑两方面的问题:一是不要肤浅地解读那些"高收视率"节目;二是不要在电视屏幕前保持被动。学习如何解读画面是我们的当务之急。画面组织的基本原理和画面剪辑的原则应该成为必修的内容。在法国,记者阿兰·若阿诺斯在《望远镜》杂志发表的短文或是法国电视五台的节目对于学生学习解读图像的含义都是必不可少的,它们都从当今现实出发,触及了一些基本问题:为什么在某个特定时刻要使用某些图像? 谁决定使用这些图像? 出于什么设想? 是为了传递什么信息?

我们曾让学生对热门情景喜剧进行研究,虽然在很多家长和教师看来,这是件违背传统的事,但其成效却令人惊讶。每一次我们让学生进行这种研究,都会产生明显的教育效果。学生可以从中发现促使一个节目受到大众欢迎的机制和因素。同样,我们还可以让学生自己制作图像,用一台小摄像机和一张剪辑桌制作一则小报道,或是把小摄影棚搬到学校里,让学生制作学校电视新闻或社区电视新闻。这些方式都可以破除电视节目的神秘感,帮助学生透过电视去理解学习。学生会发现,人们看到的图像是被挑选过的,他们会因此对信息的选择和谣言的产生提出自己的疑问。

数据网络和数据库

各式各样的 CD、数据库，以及互联网这样的网络，会进一步增加学生在学校之外获得丰富文化信息的可能性。有了互联网，学生可以浏览大量网站，对地方行政部门提问，和地球另一端的年轻人通信。不过互联网的好处并非唾手可得，学生虽然可以在其中找到各式各样的资料，实时收集数据和图像，但他们必须学习信息的收集、选择、挑拣、分级，以及如何把它们置于相关背景中，他们必须掌握超文本阅读的能力，知道如何选择恰当的关键词在搜索引擎上搜索，或是在数据库中找出不同路径，他们还必须保持足够的质疑精神或者进行印证，以确认资料的有效性和可信度。

新技术并非推动学校存在理由产生变化的唯一动力。博物馆、多媒体图书馆、资源中心（近的或远的）以及其他规划中的"文化场所"都在本属于学校的地盘（即知识的获取）上和学校形成了竞争。这些机构提供信息的方式都更具吸引力。一个"中规中矩"的教师会对此感到无能为力。手拿粉笔，站在黑板前，使用着总结图或是其他各种性质的知识呈现方式——这样的教师是没有竞争力的。

另一新事物会引发更为彻底的改变，学校必须对其加以重视，那就是知识交换网络。它目前还处在萌芽状态，在郊区比较普遍，涉及的大多是失业人群。

这种交换形式得到克莱尔·埃贝尔-叙弗朗和马克·埃贝尔-叙弗朗的大力推广[1]，并由于它价值巨大、效率很高而快速发展起来。很多被现在的学校搞得筋疲力尽的人在这里找到了学习的新灵感。本地服务交换系统是另一种形式的个体层面交换，它也包括知识交换。知识交换网络的一大特点是，它的运行是不需要金钱的。它的原则非常简单：每个人都可以参加围绕某个主题运作或执行某个既定计划的工作坊，反过来，他也必须有所付出，在另一个工作坊进行教学或做主持人。知识、能力甚至实践经验都可以拿来分享。一个人可以找到另一个能够对康德、笛卡尔或克尔凯郭尔进行批判研究的人，作为交换，他也可以根据他的特长，带领一组人学习巴基斯坦料理、练习说唱或是教授 Java 语言。

---

[1] 参见：克莱尔·埃贝尔-叙弗朗、马克·埃贝尔-叙弗朗，《交换知识》，戴斯克雷·德·布鲁维出版社，1992 年。

在这个网络中,每个人都既是专家又是门外汉,既是老师又是学生。发现自己可以为别人带来知识是一个"重建"自己身份的绝佳手段,可以借此改变对自己的看法,从而产生更为强烈的学习动机。在这种学徒模式中,人们在与专家接触时能进行学习,作为专家教别人时也在学习。

那么学校怎么办?

通过这些新的可能途径,学习者可以学到很多,但它们也并不是万灵药。通过媒体或多媒体获取的知识往往缺乏一致性和结构性。人们以为自己了解,是因为他听到了或看到了,但他所积累的大量信息往往是没有背景的,他不知道该把这些信息和什么联系起来,没有"支柱"和锚定点来建立联系。

学校正是因此确立了自己的地位,但它以前的任务和今天人们赋予它的任务大相径庭。在学校内部,有很多资源还没有被开发或者没有被充分利用,例如文献库和学校教材。如果说学校里还有什么地方没有被充分开发的话,那就要数文献中心了(法国学校里设有专门的文献资料中心),在这些地方,学生可以直接开展很多学习活动,那里为他们提供的文献有时是非常丰富的。一些文献管理员会按照学习计划精心整理文件,就像一个资料员为准备报道的记者所做的那样,同时,他们还经常提供个性化的服务。虽然现在还没有实现,但这个地方以后会变成多媒体图书馆。[①] 学生可以实时掌握所有可用的材料(书面的、视听的),可以利用数据库,也可以向知识生产部门发问。未来的学校可能是围绕着这样一个资源中心建立的。

学校教材也必须尽快作出适应,特别是法国,教材在近几十年变成了只有教师才能破解的谜题。这些教材被用来备课,虽然有点重,但也让家长放了心,不过人们经常指责它们并不总是为学生而编写的。[②] 其实,如果把这类教育产品变成参考书,它们本可以成为很好的自学工具。一旦学生迷失在大量的信息源中——这种情况只会越来越普遍——他们就可以在书中寻找信息。这些书不仅直奔主题,而且还把知识置于背景之中,启发他们,给他们提供他们非常需要的意义。

然而,教材不应成为"小型的资料中心"。学生总是需要得到思路指导,需要有人

---

① 文献中心可以设置一些单间,让学生单独学习或分小组学习。如有需要,还可以咨询老师。
② 参见法国国民教育总署关于学校教材的报告,作者为多米尼克·波尔内,提交于 1998 年 6 月。

向他揭示问题或世界的本质。教材可以保证知识的连贯性,同时指出一个学科的"重要"概念之间的联系以及各种研究方法为此提供的不同解释。[①] 我们可以清楚地看到,有关学习的悖论无处不在。

最后我们要考虑的是一种整合教育。学校应该成为不同媒介(博物馆、报刊、电视、多媒体等)整合的场所。它应该优先在学习过程的上游发挥作用。在整合教育中,学习可以激发学生的学习动机或者维持他的学习动机,让他的计划更成熟。在知识炼制阶段,教师团队可以提供工具和组织性概念以聚合各类信息。各类媒介可使信息的获取更加便利,教师可以从中汲取材料用于教学,摆脱重复性任务,学生可以从中找到更丰富的资料或是在课堂上无法获得的资料。

在学习的后续阶段,学校也可以发挥作用,例如创建结构、生产知识、促进思考(或元思考)。学校可以变成学生进行摸索的地方——学生可以在这里犯错[②],这里没有社会风险,因为人们安排了各种条件用以促进学习循序渐进地进行,这对摸索至关重要。不过学校也不应让学生和外部环境失去联系,那样虽然使学习的严谨性得到了保证,但却让学习失去了意义。加入知识交换小组和俱乐部、现场学习等,都有利于学校教学的开展。

学校甚至可以成为研究有益于社会的问题或解释公民问题的场所。规划者常用的规划设计活动也是一个很好的教育工具。

学校仍然是人们为人生作准备的场所,今天的"作好准备"意味着不再害怕改变,甚至是对改变有所预期。在当今世界,变化已经是一种常态,我们不应再对此大惊小怪,而应直面那些变化。学校尤其应该是一个人们发现、探讨世界变化的地方,学生可以自己想象各种解决途径。

---

① 最终,教材可能成为数字化工具。所谓的电子书包(借助光碟和易操作的互联网接口)包括:文档处理、绘图、制表等功能,数据库管理的功能,有助于学习的功能(计算器、制表程序、个人地址簿、课程表等),以及学习资源(地图、图片库等)。不过,必须把练习、各种资料和参考知识区分开来。

② 如果人们不再对犯错大惊小怪,错误就会成为一个绝佳的学习工具。

结论：通向学习型社会

当今世界和我们的先辈留给我们的世界已经完全不同了，认识需要被重新构建。学习不再是个人的事了，我们的社会也必须学习。面对许多重大挑战，如果社会还继续顽固地像今天这样去生产和消费，那么它的存在必将受到威胁。

挑战

我们首先要面对的是新技术发展必然会带来的经济挑战。高效的运输、便捷优质的通信手段带来了经济的全球化，计算机技术和机器人技术则彻底改变了工业图景。我们都知道发生了什么。这些生产方式的快速变化导致了失业，失业又引发了严重的社会断层，特别是导致"郊区问题"等排外现象。同时，工业废弃物的数量以及我们的开发进程和消费进程，都超出了生态系统能进行自我调节的范围。

在此之前，人类活动对生物圈的影响还是有限的，但我们这一代人正在摧毁我们的生活环境。臭氧层空洞、各种空气污染和水污染、全球变暖，这一长串人类所造成的破坏的清单让人脊背发凉。仅核工业废料这一项污染对地球的影响就将长达至少十万年，甚至一百万年。另一个挑战是人口问题。地球人口数在 18 世纪末突破了 10 亿，在 1950 年左右达到了 20 亿，21 世纪初，也就是不久的明天，将达到 60 亿。21 世纪中叶，将有 120 亿人在地球上居住。人口的迁徙问题要提上议事日程，我们必须对此有所准备。

此外，在我们的道路上，又出现了我们以为已经消失了的挑战。一连串疾病威胁着我们，其中一些，例如癌症，与石棉以及其他致癌物的使用有关。另一些疾病，例如生长激素疾病或是所谓的"疯牛病"，则表明人们对某些技术还没有充分地掌握。还有一些疾病，如艾滋，虽然在诊断方面有所进展，但在治疗上却无能为力。最后，还有一些疾病是由卫生或医疗系统的错误观念造成的：一种新的流行性结核病在地球上蔓延,许多细菌病、真菌病通过医院传播开来,抗生素的滥用使得很多菌株变得更具抗药性。而且不要忘了,现在的技术还可以对物种进行操控,建立精子库,发展信息高速公路,人类还打算克隆自己。然而,我们却没有问问自己,或者很少问自己:这些能力的价值在哪里? 人们宁愿不去想这些实践给人类和所有其他物种带来的风险,自己不作决定,而是让神圣不可侵犯的"市场"发挥作用。

在能源、交通、国防、医疗优先权、基因操控这些方面所作的选择完全不受公民的控制。"决策者"们对此也无所作为,顶多任命一个专家委员会,说起来他们什么都懂,其实什么都不懂。这种方式看上去冠冕堂皇,但实际上令人失望,它反映了系统观的缺失,而只有有了这种系统观,人们才能认识到长期性的全球影响。

总之,我们面临着伦理挑战和政治挑战。我们想要什么? 我们打算为未来下什么样的赌注? 我们的社会如何才能变成真正的民主社会? 为使人类的选择超越物质的力量,我们希望创造什么样的集体调节工具? 在一些欧洲国家实行的全民公投,特别是在科技选择问题上的公投,是一种给公民机会表达自己观点的方式,比如瑞士曾就基因工程进行公投,但要让这种投票具有意义,每个公民就必须掌握最恰当的知识。科技知识的普及将有利于一种参与性民主,正如法兰西第三帝国崛起时对阅读和写作的学习所发挥的作用那样。

要做到这一点,我们必须和自己的无力感斗争。我们的社会越松散、越封闭、越隔绝,我们就越感觉无法控制它。我们要学习在人与人之间建立联系,促进一切形式的对话。我们非常缺乏从各个维度思考这些问题、调动公民的策略。

学习的渴望

学习的渴望是一个必须创新的社会的生命源泉。我们要把握住机会,或者至少要睁大双眼以免机会溜走。21 世纪将是一个价值观不再预先存在而是有待建立的世界。对认识论的挑战是无可避免的。

我想说的是:"让我们改变神经元(其实是神经元网络)吧!"人类从文艺复兴时期起形成的大多数标记是我们推理和行动的基础,它们已经被清除或是正在被清除。在一个世纪的时间里,空间、能量、时间、物质等概念先是被打压,后来又被重新塑造。

我们都学过:能量可以变成物质,时间可以收缩,空间是弯曲的,速度是相对的,根据观察者的不同,电子可以是一种波也可以是粒子,混沌是有组织的,宇宙不是永恒的，甚至我们的出生都不单纯，不是"光着身子出生在一片草原上"，我们只是宇宙历史的众多产物中的一个，但这个宇宙"没有地址"，我们并不是它的中心。然而我们在走进21世纪时，却受到过去时代的思维结构的牵制。"主流"思维模式直接来自18世纪的物理学。我们只知道掌握简单的、同质的、有秩序的、规则的、不变的东西。

然而今天，我们必须时刻面对悖论、矛盾、复杂性和不可预测性。如果压在我们身上的这些问题能有简单的解决方法，那么可以想见，它们一定早就被施行了。

改变我们的标记

我们该怎么处理因模糊、流动、不稳定、异质和不确定而产生的不适感呢？改变我们的世界观就可以了。这是个宏大的……非常宏大的计划，我们离这个目标还非常远。在名牌大学的预考班里，人们只教经典逻辑的规则，没有给我们的这些精英开设任何关于不确定性推理的课程。在资深数学家看来，我们所拥有的关于不确定性、预测甚至概率的数学模型都是很贫乏的。同样，最普遍的对世界的认识在根本上依然是线性的，建立在机械的因果论之上。

控制论在半个世纪前就已出现，这门反馈性科学在工业领域和金融领域还没有得到开发。在这些领域，人们还像一台传统机器那样思考。这种无知的最佳实例就是银行家：他们一边投资房地产，一边迫使工业家裁员，结果就是失业率大幅增加，购买力下降。人们没有能力购买房产，房地产业就此疲软。企业变得更"轻巧"，需要的空间也变小，这又加剧了房地产业的业绩下滑。情况一团糟！

类比研究法和网络研究法才刚刚起步，只有一小部分学者对研究"复杂性"感兴趣，他们很优秀，但也很孤独。分隔、封闭和等级化无法让我们了解复杂多变的世界，在这个世界中没有什么是绝对的和永久稳定的。这些方法对于认识流动性事物没有任何益处，例如当今的金融市场，在这个市场中存在着各式各样的互动，各种因果关系交织在一起。

2040年的知识是什么样的？

要是有人比较一下每年创造的知识（或科技创新）和一个人掌握的知识，那他一定会感到头晕目眩。18世纪时，所有的知识都可以被装进一本百科全书里，而如今，仅神经科学领域每年就要生产出 50 米厚的出版物。

有人预测，生物学知识每五到六年就会翻一倍，科技知识每七到八年就会翻一倍。计算机通信技术和机器人技术的某些数据过三年就会被淘汰，每隔一年半就会出现新一代电子芯片。现在的知识到 2020 年或 2040 年还有多少仍然"有用"呢？那时什么样的知识会出现呢？我们无法肯定地回答这个问题，但可以描绘出几种可能的发展趋势。

首先，我们必须超越过去的学校所提倡的那种简单的"读、写、算"。如果只谈阅读问题，20 世纪初的人们希望达到的水平只是会读报纸，但我们很快就会发现这在今天是不够的。人们必须懂得搜寻、解析、挑选、处理异常多样的资料以及它们所承载的信息。此外，在视听材料大爆炸的背景下，仅仅掌握书面材料是很有局限性的。知道如何破译图像（一连串图像）成了必备能力。随着数据库和电子网络的出现，学习阅读意味着学习解析超文本，以及在其中找到自己的方向——因为路径非常之多，还意味着学习对资料的来源、有效性和恰当性进行思考。同时，学习如何学习也很重要。它要求人们进行一定的思考，没有这种思考，学习就成了没有意义的口号。人们必须既能处理有组织的信息，又能处理不确定和不可预料的信息。排在第一位的不再是教授学科内容，而是在学生身上建立一种对知识的开放性，一种走向困难的、不熟悉的知识的好奇心，一种可以应对当前挑战或即将到来的挑战的探究模式。

学习者的态度比他储存在大脑中的很快就贬值的事实性知识更重要。最重要的是培养一种善于对世界和自身提出问题的思维能力，培养有能力就社会焦点问题进行辩论的公民。思维方法的掌握因此具有决定性地位。一个人必须进行资料搜索，采取实验性、系统性的方法或是进行模型化、论辩和模拟。人们的目标不再仅仅是学习解决问题，而是弄清楚情境以提出问题，不再仅仅是寻找信息，而是知道如何挑选信息、安置信息、讨论其恰当性等。

给予态度和方法优先性的同时不能忘记知识，但在这个层面上，我们必须改变与知识的关系。知识有其存在的理由。没有知识，我们就不能发展行为或操作方法，但知识必须是"可降解的"①，否则在它应该表现出最大灵活性的时候，它反而会使思想僵化。此外，一些"重要"概念必须成为思想的组织因素或调节因素。这些"基本概念"应被用来与时代的各种信息相印证，使个体可以找到自己的位置，更新自己的想

---

① 参见 163 页。

象物。①

同时,我们必须以批判的眼光来看待知识。对知识、文化和社会之间的联系的思考以及对知识和价值观之间联系的思考,和知识本身同样重要。学习者必须意识到,一个问题存在多种解决方案,每种解决方法都有其背景,而且我们也有可能毫无解决办法,或者这些办法比问题本身还糟糕。

最重要的是问题,而不是答案。解决方案意味着僵化的框架,而问题则意味着个人思想的自主权。从这个角度来看,恰当的知识会成为质疑、联结、创造和炼制。它是服务于计划的工具——这里的"计划"是指在一个社会内个体所拥有的计划。

学习,一种社会动力

复杂性造就了我们人类。只要还没有相反的证据出现,我们就可以认为,人类是宇宙的尘埃,是宇宙最复杂的产物。人类从不可思议的能量史、时间史、物质史、宇宙史、生命史、人类史中产生了一种意识。遗憾的是,我们还没能了解"终极意义",但也不能就此肯定地说,我们永远都不会找到认知工具来了解它。我们必须不惜一切代价去炼制临时意义,在一个有限空间里一起"最好"地生活。

我们不能再自欺欺人了!在进入 21 世纪之际,我们必须换一种方式思考。学习在社会动力结构中占有核心地位。我们已经看到了一些知识交换团体的出现,虽然它们存在的时间还很短,而且往往是自发性的,但已经给我们指出了道路。我们需要重新思考自己的观念、推理方式、价值观,重新制定游戏规则。为什么要害怕从我们的缺陷或者目前的不足出发去学习呢?学习,在个人层面上就是理解,在社会维度上就是获得集体能力,以参与社会计划的实现。

我们需要制定新的管理规则,最终应该从代议制民主形式过渡到民众参与性更强的民主形式。同样,价值观(换句话说:我们坚持的是什么?为什么坚持?)应该成为学校里讨论的主题。惯用价值观的对质可以让学生澄清价值观,促进更符合新的环境维度和伦理维度的价值观出现。

我们想让自己的生活变成什么样?我们坚持的是什么?为什么我们要共同维护某些价值观?显然,我们的思想要经历一次大动荡。对所谓"危机"的不适感通常出现

---

① 为了讨论方便,我们可以举出一些例子:时间、空间、物质、信息、组织、调节、记忆、身份、变革。

在这个层面。和相对真理的永恒对质、对最佳状态的追寻以及一定程度的实用主义，能够减少生活在这样一个世界的不安和焦虑。

因此，学习不再仅仅是储存前人累积的经验。这些经验有它们的价值，但应被重新阐释。一个人在上学期间不可能积累他一生中需要的所有知识。学习是一项持续的事业，它要求人们时刻跳出习惯性常规和自命真理。学校不能仅限于传播社会记忆，它必须帮助学生预测、创造新的共同生活的方式。人们要进行的知识炼制超出了单靠自身努力所能达到的极限，因此必须发展人与人之间的互动和合作，以促进知识的分享。

物质、生理、技术、经济上的束缚是不可回避的，因为它们是生物圈、人类历史、社会历史的组成部分，我们必须推行（或创造）一项新的文化计划来应对这些束缚。如果这个提议看上去太过雄心勃勃，那么我们可以从思考另一种"生活艺术"开始，把学习作为这种思考的支柱。